LEHRBRIEFE FÜR DEN TAUCHSPORT
◆ SONDERBREVETS ◆
Heft 10

Suchen und Bergen

Werner Scheyer
Jürgen Gorny

1994
VERLAG STEPHANIE NAGLSCHMID STUTTGART

Die Deutsche Bibliothek - CIP-Einheitsaufnahme

Scheyer, Werner:
Suchen und Bergen / Werner Scheyer; Jürgen Gorny. -
Stuttgart: Naglschmid, 1994
    (Lehrbriefe für den Tauchsport : Sonderbrevets ; H. 10)
      ISBN 3-927913-38-3
NE: Gorny, Jürgen:; Lehrbriefe für den Tauchsport / Sonderbrevets

Titelgestaltung: M. Mardner/MTi-Press, Stuttgart
Titelfoto: Matthias Bergbauer/MTi
Zeichnungen: Werner Scheyer/MTi

Copyright 1994
VERLAG STEPHANIE NAGLSCHMID
Rotebühlstr. 87 A - 70178 Stuttgart
Tel. 0711/626878; Fax 0711/612323

 *Dieses Buch ist auf chlorfrei gebleichtem Papier gedruckt.*

Herstellung: Druckerei Schreck GmbH u. Co. KG, 67487 Maikammer/Pfalz

Vorwort

Die Sonderbrevets sollen die Kenntnisse und Fertigkeiten des Tauchers erweitern und dadurch zu mehr Freude am Hobby und zu mehr Sicherheit beitragen. Einige der unten aufgeführten Praxis-Sonderbrevets sind Voraussetzung für das Erlangen von CMAS-Brevets.

Sporttauchen ist ein Gruppensport miteinander - nicht gegeneinander. Alle Sonderbrevets werden daher auch in Gruppen erarbeitet. Die zu den Sonderbrevets notwendige Theorie zwischen 2 und 8 Stunden wird in dieser kleinen, kursbegleitenden Heftreihe behandelt. Die Hefte enthalten gleichzeitig ein Zertifikat, welches vom Tauchlehrer nach erfolgreicher Teilnahme bestätigt wird.

Der Inhalt des kursbegleitenden Heftes geht über das für das jeweilige Sonderbrevet nötige Wissen hinaus, um auch Hintergründe aufzuzeigen.

Themen der einzelnen Hefte:

1. Orientierung
2. UW-Fotografie
3. Gewässeruntersuchung
4. Limnologie
5. Meeresbiologie
6. Tauchsicherheit - Tauchrettung
7. Nachttauchen
8. Strömungstauchen in Meeren und Flüssen
9. Trockentauchen
10. **Suchen und Bergen**
11. Eistauchen
12. Wracktauchen
13. Höhlentauchen - Tauchen in Meereshöhlen
14. Tauchsportseminar Kompressor

Alle diese Sonderbrevets erfordern unterschiedliche Erfahrungen im Gerätetauchen.

Inhalt

1   Einleitung

1.1   Warum Sonderbrevet Suchen und Bergen

Jeder Taucher wird im Laufe seiner Taucherkarriere mit der Situation konfrontiert etwas zu suchen, wieder zu finden und zu bergen. Seien es nun verloren gegangene Gegenstände, der verlorene Tauchpartner oder eine abgetriebene Tauchergruppe.

Es können Teile der eigenen Ausrüstung oder der des Tauchpartners sein, wie Maske oder Bleigurt, die z.B. beim Sprung ins Wasser versanken. Sehr oft sind es aber auch Zuschauer oder Badegäste, die beim Schwimmen irgend etwas verloren haben. Und was geht nicht alles verloren und soll wieder gefunden werden! Brillen, Schmuckstücke, der in der Badehose getragene Ehering (man will ja keinen hellen Streifen am Ringfinger haben), ja sogar beim Husten verlorene Gebisse waren schon dabei.

Zwar ist der Streich der Schildbürger selten, die beim Herannahen des Feindes Ihre Kirchenglocke im See versenkten und, um sie wieder zu finden, in die Bordwand des Bootes eine Kerbe schnitzten. Die Ortsangaben sind jedoch häufig ähnlich wage.

Dann einfach ins Wasser zu springen um zu suchen führt höchst selten und dann meist rein zufällig zum Erfolg. Meist wird durch das planlose Suchen die Sicht verschlechtert und eventuell sogar der zu suchende Gegenstand mit aufgewühltem Sediment zugedeckt.

Dieses Sonderbrevet soll Anregungen geben, die verschiedensten Suchtechniken systematisch einzusetzen um die Erfolgschancen zu verbessern und Bergungen gefahrlos durchzuführen. In diesem Sonderbrevet sind viele Elemente aus dem Sonderbrevet "Orientierung" übernommen worden, da das Thema "Suchen" ja auch etwas mit der Orientierung zu tun hat.

Wichtig ist hier noch der Hinweis, daß in vielen Fällen, wenn es sich nicht gerade um eigene, verloren gegangene Gegenstände handelt, das Suchen und Bergen in den Aufgabenbereich der kommerziellen Taucherei fällt. Werden diese Arbeiten trotzdem von Sporttauchern ausgeführt, sind sie dabei nicht versichert!

Ebenso ist das Bergen von Gegenständen, die archäologischen Wert haben verboten!

Fingen weg von   Archäologischen Funden
                        Kriegsmaterial aller Art
                        Arbeiten, die in den Bereich der Berufstaucherei gehören

Suchen und Bergen unter Übungsbedingungen bringt aber viel Erfahrung, zusätzliche Sicherheit und Spaß für unser Hobby Tauchen.

1.2   Anforderungen an die Teilnehmer

Das Suchen und Bergen setzt große Erfahrungen beim Tauchen voraus. Der Taucher darf weder bei plötzlich fehlender Sicht oder Dunkelheit noch bei undefinierbaren Kontakten unter Wasser verunsichert werden, sonst muß die Suche sofort abgebrochen werden.

Bei schlechten Umgebungsbedingungen wird der Taucher besser alleine mit Leinensicherung arbeiten, wobei natürlich ein voll ausgerüsteter Sicherungstaucher bereit stehen muß. Aus diesen Gründen soll der Kenntnisstand und die Erfahrung mindestens DTSA-Silber (CMAS **) entsprechen, einschließlich den Erfahrungen bei Dunkelheit und schlechter Sicht.

Kenntnisse, wie sie beim Sonderbrevet "Tauchsicherheit - Tauchrettung" vermittelt werden, sind empfehlenswert. Das ärztliche Tauchtauglichkeitsattest muß gültig sein (i.d.R. nicht älter als 2 Jahre, bei Teilnehmern über 40 Jahre 1 Jahr).

1.3   Anforderungen an die Ausrüstung

Die Ausrüstung muß vollständig und bekannt sein. Kein Ausrüstungsteil darf vom Körper abstehen (z.B. Fini, Zweitautomat oder Konsole) um ein Verhängen an Hindernissen bei schlechter Sicht zu verhindern. Gemäß der Euronorm EN250 muß bei vorhersehbaren schlechten Umgebungsbedingungen eine zweite Sicherheitseinrichtung (Reserveschaltung, akustische Warneinrichtung, etc.) zusätzlich zum Finimeter vorhanden sein.

Entsprechende Sicherungsleinen müssen bereitgestellt werden. Sie sollen geflochten, schwimmfähig und signalfarben sein, mit einer Mindestbelastbarkeit von 2000 N.

Wichtig ist auch ein scharfes Tauchermesser mit Sägeschliff, um sich aus Hindernissen oder von der eigenen Leine befreien zu können, wenn man sich verfangen hat.

Ist noch etwas Sicht vorhanden, kann eine Lampe hilfreich sein, bei sehr trüben Gewässern nützt sie aber nichts, sondern behindert nur eine Hand.

Auch bei warmem Wasser müssen Schutzhandschuhe getragen werden, um Schnittverletzungen zu verhindern. Bei Suchaktionen im trüben Wasser kommen auch die sonst so verpönten Knieschützer wieder zu Ehren, da dabei der Körper weitgehend Bodenkontakt haben soll.

2   Standortbestimmung

2.1   Vom Taucher aus

Stößt man während eines Tauchganges auf ein großes Objekt, das man später wiederfinden will (z.B. ein Wrack), so gilt es, diesen Fundort möglichst genau zu bestimmen.

Dazu wird zuerst die Tiefe des tiefsten und des am höchsten reichenden Punktes des Wracks mit dem Tiefenmesser - besser noch mittels Tauchcomputer - gemessen und notiert. Ebenso werden die Lage des Objektes und markante Punkte wie Abgründe, Felsen oder Riffe in der Umgebung notiert, die später als zusätzliche Suchhilfe dienen können.

Ideal wäre eine kleine Markierungsboje, die in sehr handlicher Form in der Jackettasche mitgeführt werden kann. Sie sollte aber nie alleinige Markierung sein, da sie unbeaufsichtigt oft fremde Abnehmer findet. Soll die Boje verdeckt sein, also nicht fremde Taucher zu dem Fund führen, kann sie abseits der Fundstelle angebracht werden, also z.B. 100 Flossenschläge in Richtung Osten. An der durch die Boje markierten Stelle werden dann neugierig gewordene Tauchkameraden nichts finden.

Hat man keine Markierungsboje, taucht man nach der Tiefenmessung auf, um an der Oberfläche nach Markierungen zu suchen. Das sollte nicht zu lange dauern, da sonst die Gefahr besteht, daß der Taucher sich durch Strömung oder Wind vom eigentlichen Suchpunkt entfernt. Wind und Strömungsrichtung sollten daher mit notiert werden.

Auf freier Wasserfläche bleibt an der Oberfläche nur eine Kreuzpeilung. Dazu werden jeweils 2 markante Punkte gesucht, die in Deckung gebracht eine Peillinie ergeben. Zwei Peillinien, die möglichst in einem Winkel von 90° liegen sollten, legen den Standpunkt des Tauchers fest. (Abb. 1)

Bei den markanten Punkten ist - vor allem wenn sie über Jahre gültig sein sollen - zu berücksichtigen, daß Häuser verbaut, von Bäumen überwachsen oder abgerissen, Bäume gefällt werden können oder die markante Felsnadel an der Steilküste nach dem nächsten Sturm unter Wasser liegt.

Je nach Abstand der markanten Punkte voneinander, nach Abstand des Tauchers von den Punkten und nach dem Schnittwinkel der Peillinien ist mit dieser Methode der Standort sehr genau festzulegen.

Leider sind aber nicht immer die richtigen Markierungspunkte vorhanden. In diesem Fall bleibt nur das Anpeilen von einzelnen Punkten mit dem Kompaß. Dabei wird vom augenblicklichen Standpunkt aus die Richtung von zwei Punkten gegen Norden gemessen.

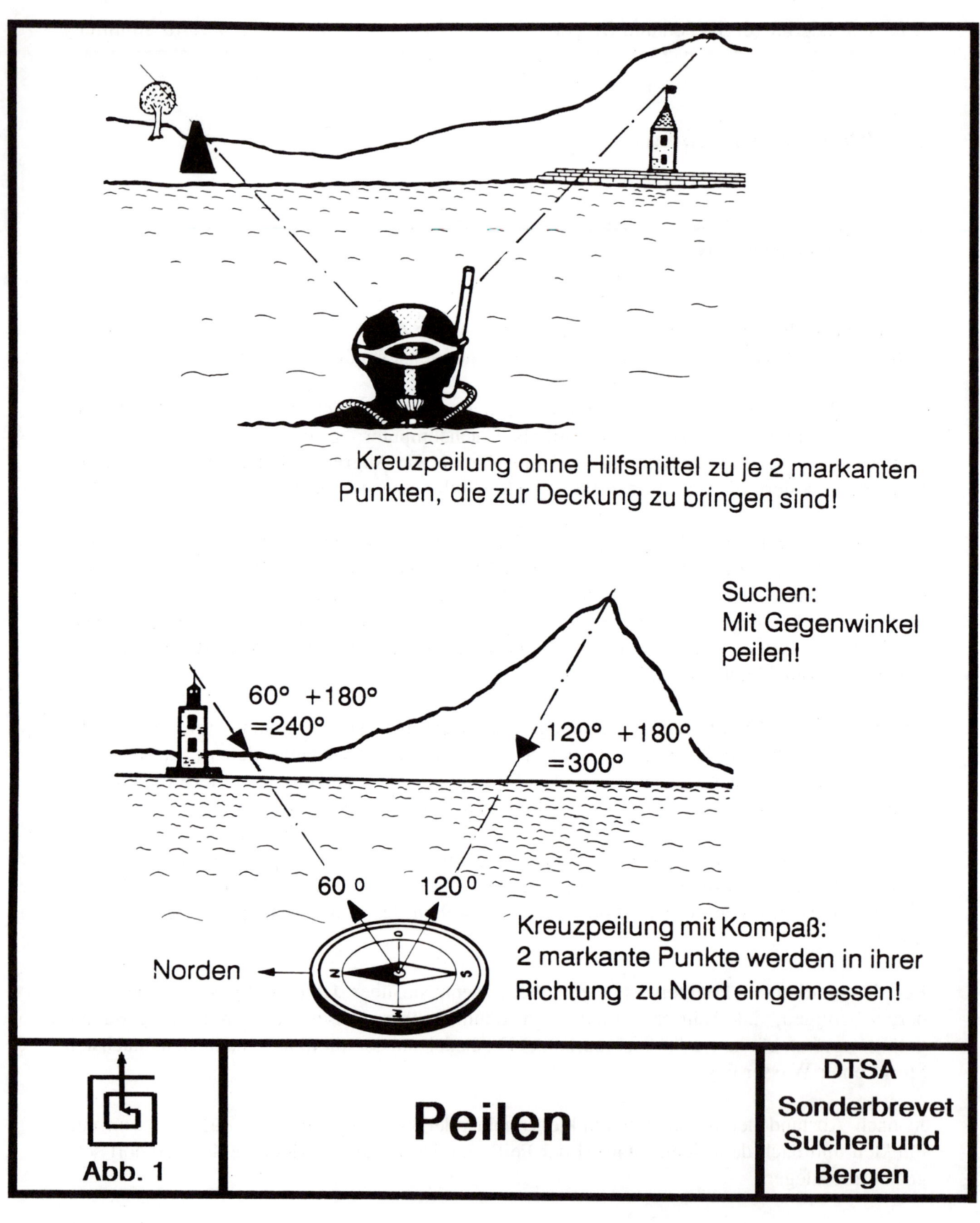

Kreuzpeilung ohne Hilfsmittel zu je 2 markanten Punkten, die zur Deckung zu bringen sind!

Suchen:
Mit Gegenwinkel peilen!

60° +180° =240°

120° +180° =300°

60 °   120 °

Norden

Kreuzpeilung mit Kompaß:
2 markante Punkte werden in ihrer Richtung zu Nord eingemessen!

| Abb. 1 | **Peilen** | DTSA Sonderbrevet Suchen und Bergen |

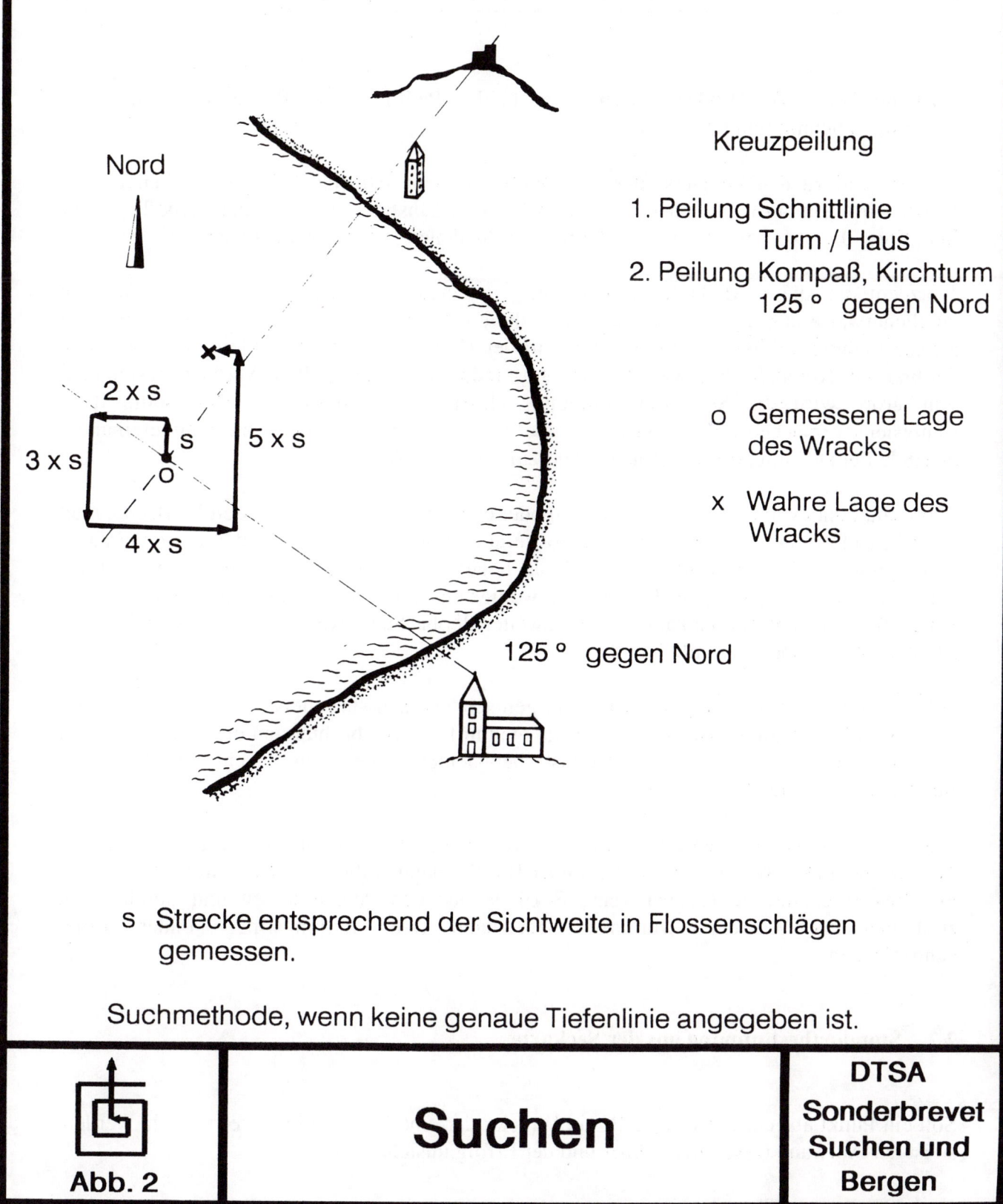

Nord

2 x s

3 x s

5 x s

s

O

4 x s

Kreuzpeilung

1. Peilung Schnittlinie
   Turm / Haus
2. Peilung Kompaß, Kirchturm
   125 ° gegen Nord

o Gemessene Lage
   des Wracks

x Wahre Lage des
   Wracks

125 ° gegen Nord

s Strecke entsprechend der Sichtweite in Flossenschlägen
   gemessen.

Suchmethode, wenn keine genaue Tiefenlinie angegeben ist.

Abb. 2	**Suchen**	**DTSA Sonderbrevet Suchen und Bergen**

Auch hier sollte der Winkel zwischen den beiden Peillinien ca. 90° betragen, um einen eindeutigen Schnittpunkt zu haben.

Der Abstand zu den Peilpunkten sollte möglichst klein sein, da dadurch die Genauigkeit größer wird. Ein am Ufer stehender Baum wäre z.B. günstiger als ein in der Ferne liegender Berggipfel. Bedarfsweise können auch drei verschiedene Punkte angepeilt werden.

Trotzdem ist diese Methode zwangsläufig ungenauer. Ursache dafür ist einmal die möglicherweise unruhige Wasseroberfläche, die ein ruhiges Halten des Kompasses und eine genaue Peilung erschwert, Abweichungen in der Kompaßanzeige, vor allem aber die kurze Peillinie am Kompaß. Sind weiterhin die Abstände zu den angepeilten Markierungspunkten sehr groß, wird die Standortbestimmung schnell sehr unbestimmt. Man sollte dann wenigstens versuchen, eine genaue Peillinie zu bestimmen, die durch zwei hintereinander liegende Punkte einigermaßen genau wiederzufinden ist. (Abb. 2)

Beobachtet man von Land aus einen Unfall oder einen Verlust auf der Wasseroberfläche, muß sofort ebenfalls der Standort an Land so verändert werden, daß ein oder zwei markante Punkte und der Unfallort auf einer Peillinie liegen. Auch der eigene Standort wird sofort markiert. Für die spätere Suche liegt so wenigstens eine genaue Suchlinie fest, die per Kompaß abgetaucht werden kann. Hat ein zweiter Beobachter etwas abseits ebenso gehandelt, ist die Erfolgschance wesentlich größer.

Ortsangaben, die von Zuschauern an Land gemacht werden sind meist äußerst wage. Etwas verbessern kann man die Genauigkeit, wenn man mit den Beobachtern an die Stelle geht, von der aus sie den Unfall oder Verlust beobachtet haben, und sich von dort die Beobachtungsrichtung geben läßt.

Hat man keine Möglichkeit eine Peillinie festzulegen, z.B. wenn auf dem offenen Meer ein Tauchkamerad ins Wasser fällt ("Mann über Bord"), dann sollte man den Unfallort bzw. den ins Wasser gefallenen Taucher keine Sekunde aus den Augen lassen und durch einen zusätzlich ins Wasser geworfenen Gegenstand (z.B. Rettungsring, Fender, Boje) kennzeichnen.

2.2   Standortbestimmung aus der Seekarte

Soll ein Punkt aus der Seekarte (z.B. ein Wrack oder eine Untiefe) im Meer gesucht werden, so ist der Aufwand wesentlich größer und der Erfolg unsicher.

Dazu zuerst etwas Theorie:

Die Erde als Kugel wird durch ein Koordinatennetz aus Längen und Breitengraden eingeteilt. Die 360 Längengrade, auch Meridiane genannt, verlaufen jeweils vom geographischen

Nordpol zum geographischen Südpol. Der Nullmeridian geht durch Greenwich, einen Vorort von London (Abb. 3).

Westlich davon verläuft die Gradeinteilung ansteigend mit dem Vermerk "westlicher Länge", östlich davon dann entsprechend ansteigend mit dem Zusatz "östlicher Länge". Der dem Nullmeridian gegenüberliegende 180ste Längengrad ist für beide Richtungen gleich und verläuft westlich von Hawaii.

Die 180 Breitengrade beginnen am Äquator mit der Bezeichnung Null. Die beiden Pole liegen dann jeweils auf dem 90sten nördlichen bzw. südlichen Breitengrad.

Längen- und Breitengrade werden weiter unterteilt in "Minuten". Ein Grad entspricht 60 Minuten, eine Minute entspricht der Strecke von einer nautischen Seemeile, also 1,852 km (am Äquator gemessen). Der Erdumfang beträgt danach 360 x 60 = 21600 Seemeilen. Für noch kleinere Strecken wird die Minute nach dem Dezimalsystem in 10, 100 oder 1000 Teile unterteilt.

Auf den Seekarten sind die Koordinaten als Raster eingezeichnet, die Beschriftungen und Feineinteilungen befinden sich jeweils rund um die Karte am Rand (Abb. 4).

Durch die Projektion der Kugeloberfläche der Erde auf eine plane Seekarte muß zwangsläufig eine leichte Verzerrung erfolgen (Merkatorprojektion). Abstände zwischen zwei Punkten dürfen daher nur am seitlichen Rand abgegriffen werden.

Schwierig wird es dann allerdings, diese Entfernungen auch auf dem Wasser festzustellen. Ungefähre Werte sind über die Schraubendrehzahl zu ermitteln, genauer geht es mittels Log, wobei eine Leine durch einen Schwimmkörper abgerollt wird. Aus Zeit und Länge der abgerollten Leine läßt sich die Geschwindigkeit errechnen und daraus auch die Entfernung zwischen zwei Punkten, wenn die Geschwindigkeit gleich bleibt und keine zusätzlichen Störgrößen wie Strömung, Wellen und Wind auftreten.

Eine weitere Hilfe ist das Anpeilen markanter Punkte wie Landspitzen, Leuchtfeuer oder Berggipfel, die in der Karte eingezeichnet sind vom Boot aus. Die entsprechenden Peilwinkel aus der Karte sind um die Werte der "Mißweisung" zu korrigieren. Diese Mißweisung gibt den Richtungsunterschied zwischen dem magnetischen und dem geographischen Nordpol an. Sie ist an jedem Ort der Erde verschieden groß und ändert sich auch jährlich. Sie ist auf den Seekarten in der Kompaßrose bzw. bei nachträglichen Aktualisierungen zusammen mit dem Datum in der Nähe davon vermerkt.

Zum Peilen sollte nicht der Taucherkompaß verwendet werden, da er zu ungenau ist. Besser ist hier der Bootskompaß, wobei aber der Einfluß von naheliegendem Eisen oder stromführenden Kabeln berücksichtigt werden muß. Abweichungen durch diese Einflüsse werden als "Deviation" bezeichnet und müssen kompensiert werden.

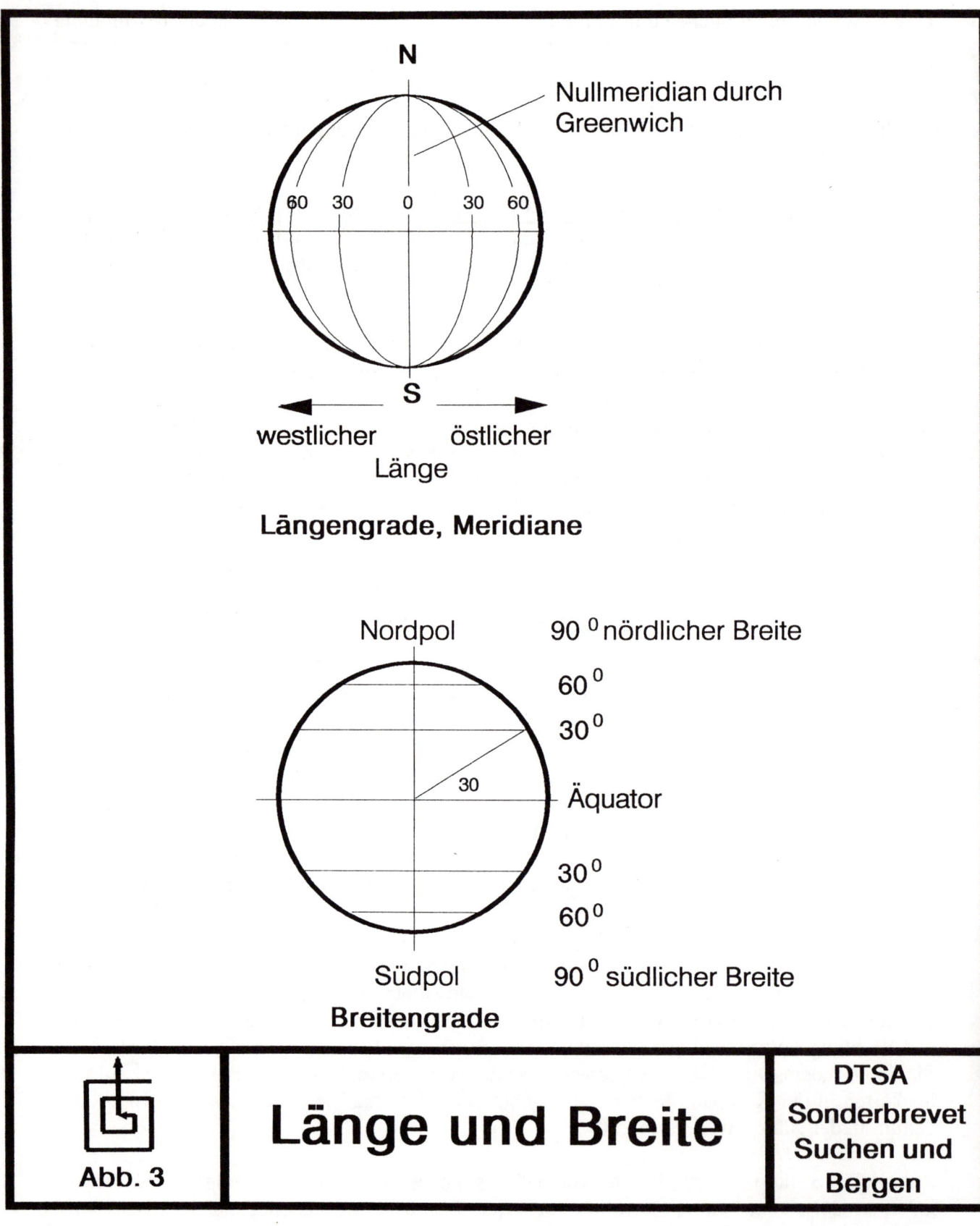

Nullmeridian durch Greenwich

N

60 30 0 30 60

S

westlicher   östlicher
Länge

Längengrade, Meridiane

Nordpol   90 ^{0} nördlicher Breite

60 ^{0}

30 ^{0}

30

Äquator

30 ^{0}

60 ^{0}

Südpol   90 ^{0} südlicher Breite

Breitengrade

Abb. 3	**Länge und Breite**	**DTSA** Sonderbrevet Suchen und Bergen

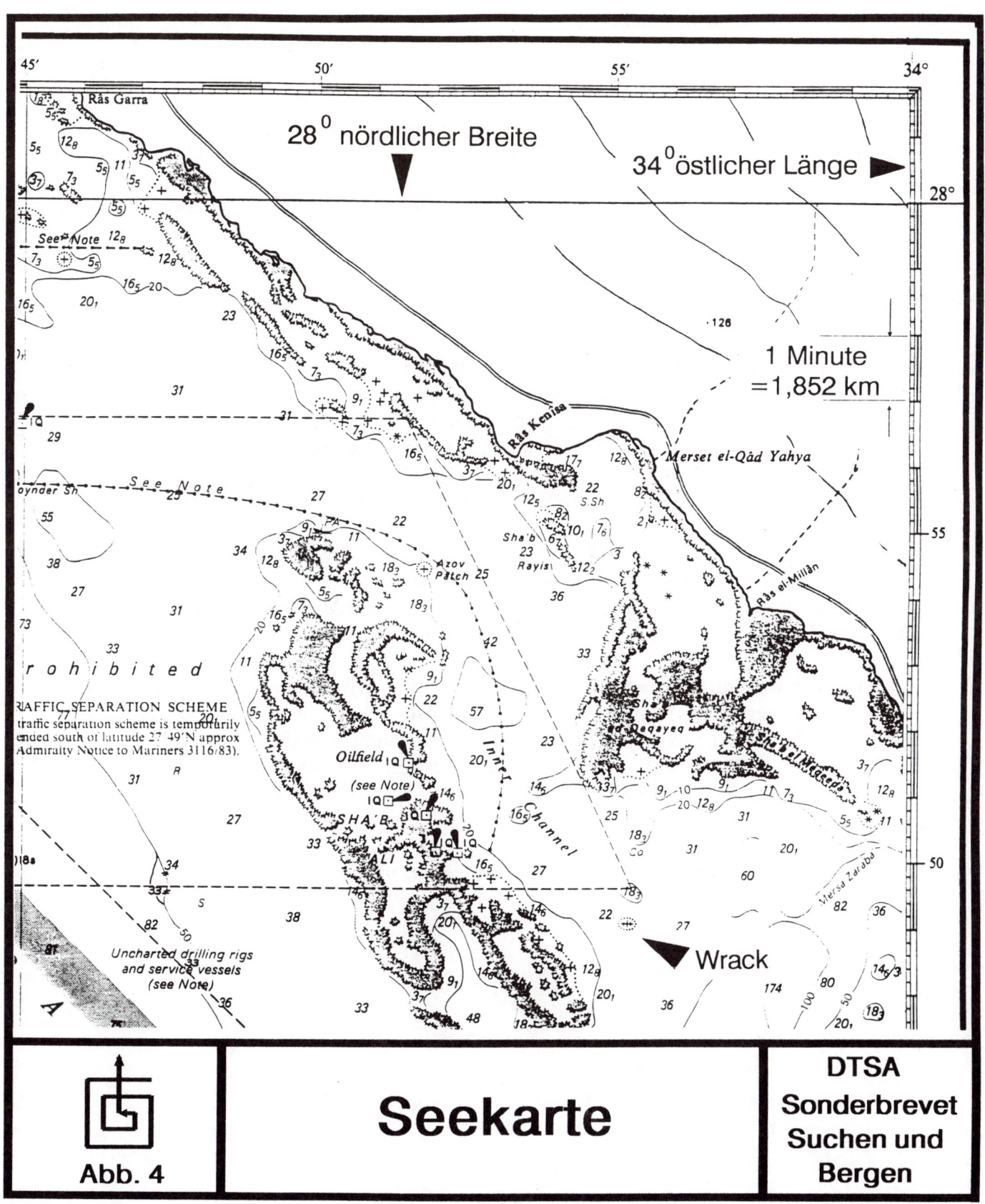

Seekarte

Abb. 4

Im Nord- und Ostseebereich sind Ortsbestimmungen auf See über das Decca-Funkpeil-System mit guter Genauigkeit möglich. Mehrere an Land feststehende Stationen senden gleichzeitig ein Signal das von dem Empfänger an Bord aufgefangen wird. Aus den Laufzeitunterschieden verschiedenen Signale wird dann automatisch der augenblickliche Standort errechnet.

Ähnlich arbeitet das Loran-Verfahren, das weltweit in Küstennähe auf den wichtigsten Schiffahrtswegen empfangen werden kann.

Weltweit sind sehr gute Ortsbestimmungen mit der modernen Satellitennavigation möglich, die im nichtmilitärischen Bereich bis etwa 20m genau ist. Dabei wird über den Standort von 3 gleichzeitig über dem Horizont sichtbaren Satelliten der eigene Standort berechnet. Grundlage der Berechnung ist ein von den Satelliten ausgesandtes Signal mit Zeit- und Phasenlageninformation. Durch Zeitvergleich und Phasenverschiebung ergibt sich der Abstand zu den einzelnen Satelliten, aus denen der Rechner der Empfangsanlage den Standort ermittelt.

Die so ermittelten Punkte auf der Wasseroberfläche sind zwangsläufig äußerst wage, selbst wenn man noch zusätzlich die ja auch in der Karte angegebene Wassertiefe mit einbezieht. Es wäre purer Zufall, wenn sich gleich beim ersten Abtauchen der Erfolg einstellt.

Meist müssen weitere Suchmethoden eingesetzt werden, wie z.B. Echolot, Magnetometer oder Metallsuchgerät. Hier beginnt dann die systematische Suche über durch Bojen markierte Raster. Manchmal hilft auch der Zufall oder die Beobachtung oder Befragung ortsansässiger Fischer, die solche Plätze wie z.B. Wracks meist kennen. Entweder weil sie dort schon oft Netze eingebüßt haben oder als Angler, weil sie das Wrack als guten Fangplatz immer wieder aufsuchen.

Hat man das Wrack gefunden, dann aber sofort Boje setzen und genaue Peilung nehmen!

3   Suchen

3.1   Mit Kompaß

Soll ein vorher vom Taucher oder an Hand der Seekarte bestimmter Punkt gefunden werden, hängt der Erfolg von einer systematischen Arbeit ab. Unabdingbar ist hier der Einsatz von Bojen, die möglichst nahe an dem angenommenen Peilpunkt verankert werden und Ausgangspunkt für alle weiteren Aktionen sein müssen.

Sind zwei Peillinien mit je zwei markanten Punkten vorhanden wird eine Peillinie schwimmend oder per Boot verfolgt, bis zum Schnittpunkt mit der zweiten Peillinie. Dort wird eine Markierungsboje verankert.

Liegen nur Kompaßpeilungen vor, ist der sicherste Weg die Einweisung von Land aus mit der um 180° entgegengesetzten Peilung. Wurde z.B. vom Wasser aus die Bergspitze (Abb. 1) mit 120° eingepeilt, ist der gesuchte Punkt von der Bergspitze bzw. versetzt vom Ufer aus unter einem Winkel von 120°+180° = 300° zu suchen. Die Einweisung von Land aus (wenn möglich) hat den Vorteil, daß man einen ruhigen Stand hat.

Der so ermittelte, ungefähre Punkt muß jetzt noch mit den vorher ermittelten Daten vom Grund korrigiert werden.

Dazu wird zuerst die vorher vom Taucher oder aus der Seekarte ermittelte Tiefe mit der an der Boje aufgefundenen Tiefe verglichen. Bei abfallendem Grund muß nur die entsprechende Tiefenlinie aufgesucht werden. Durch Verfolgung dieser Tiefenlinie nach beiden Richtungen läßt sich der gesuchte Gegenstand finden - vorausgesetzt die gemessenen Tiefen stimmen und es handelt sich nicht nur um eine Senke im Boden.

Bei nahezu ebenem Grund wird die Suche aufwendiger, vor allem wenn die Sicht schlecht ist.

Eine häufig eingesetzte Methode ist das Abtauchen des Suchgebietes in immer größeren Quadraten. Dazu wird von der Bojenleine aus in der nächsten Hauptrichtung (Abb. 2 z.B. Norden) getaucht, bis zur Grenze der Sichtweite. Dabei Flossenschläge zählen oder Zeit messen. Dann eine 90°-Drehung in die nächste Hauptrichtung, hier z.B. Westen. In dieser Richtung wird doppelt so weit getaucht wie in der ersten Richtung, also doppelte Anzahl Flossenschläge oder doppelte Zeit! Dann wieder eine 90°-Drehung, jetzt in die Südrichtung und dreifache Anzahl der Flossenschläge bzw. dreifache Zeit, usw.

Zur besseren Übersicht nicht direkt am Boden schwimmen. Liegt das gesuchte Objekt so tief, daß man möglicherweise in die Dekozeit kommt, schwimmt man nur so tief, daß man gerade noch gute Bodensicht hat. Reicht das Objekt bis nahe an die Wasseroberfläche, so schwimmt man die Quadrate in der bei der ersten Messung ermittelten Tiefe des am weitesten nach oben reichenden Wrackteils. Als Beispiel ein Wrack, das in 40m Tiefe liegt, aber bis auf 20m reicht - hier genügt es, in etwa 20m Tiefe zu schwimmen um das Wrack wiederzufinden und dabei Luft und Nullzeit zu sparen.

Die Suchaktionen sollten immer von zwei, maximal 3 Tauchern durchgeführt werden, die gut in Sichtweite voneinander schwimmen. Die Kursangabe erfolgt dabei aber immer nur vom Gruppenführer!

3.2   Suchen mittels Leine

Das systematische Absuchen nicht zu ausgedehnter Flächen bei schlechter Sicht und bei kleinen zu suchenden Objekten erfolgt am sichersten durch Taucher, die von der Oberfläche aus mittels Leine geführt werden. Generell gilt zwar auch hier die Taucherregel: "Tauche nie alleine", in Grenzfällen, bei einer Unterwassersicht nahe bei Null kann aber ein Tauchpartner kaum zusätzliche Sicherheit bieten, da er eine Notlage nicht oder zu spät erkennt. In diesen Fällen taucht ein Taucher alleine an der Leine. Ein voll ausgerüsteter Sicherungstaucher muß aber neben dem Leinenführer bereit stehen, um bei Bedarf sofort einsatzfähig zu sein.

Die Führung des Tauchers durch den Leinenführer erfolgt mit Leinensignalen, die auch bei den Rettungsorganisationen wie Feuerwehr, DLRG, Wasserwacht, etc. die gleiche Bedeutung haben (Abb. 5). Zu vermerken ist, daß das kürzeste Zeichen (1 Ruck) dem Notsignal vorbehalten sein muß. Leinensignale müssen sofort erwidert werden, sonst wiederholen.

Die wichtigste Person ist der Leinenführer. Er überprüft die gesamte Ausrüstung, bespricht die Leinensignale und das Verhalten in Notfällen und überwacht Tauchzeit und Tiefe. Er beobachtet auch dauernd die Leinenrichtung und die Richtung der Luftblasen der Ausatemluft des Tauchers um zu erkennen, ob sich eventuell die Leine verhakt hat oder an einem Hindernis umgelenkt wird.

Leinensignale lassen sich nur austauschen, wenn die Leine dauernd unter leichtem Zug steht. Nur dadurch hat der Taucher auch eine Richtungsinformation. Das blinde Vertrauen in die Leinenführung ist bei den ersten Versuchen das Hauptproblem. Der Taucher hat Schwierigkeiten, sein eigenes Richtungsempfinden, das durch die schlechte Sicht und eventuell leichten Druckunterschieden auf den Gleichgewichtsorganen im Innenohr oft falsch ist, abzuschalten und sich nur auf die Zugrichtung der Leine und die Signale zu konzentrieren.

Zusätzliche Probleme können entstehen, wenn die Leine an einem Hindernis unter Wasser streift oder sich verhakt, oder wenn sich die Leine z.B. unbemerkt in den Flossenbändern des Tauchers verhängt und Signale durch die Flossenbewegung vorgetäuscht werden. So kann es vorkommen, daß sich der Taucher mit seinen Flossen "unterhält" und schnell jeden Richtungssinn verliert.

Signale vom Taucher

--- X---	Gefahr ! -hole uns zurück !
--- XXXX--	Wir kommen zurück !
--- XXXXX--	Alles o.k.
---XXX-XXX-XXX --.....	Wir benötigen Hilfe !

Signale vom Signalmann

---X---	Kommt sofort zurück !
---XX--	Richtung nach links !
--XXX---	Richtung nach rechts !
--XXXX---	Zurück kommen !
--XXXXX--	Alles o.k.! (?)
--XX---X----	Richtung vorwärts !
--XX---XX--	Richtung zurück !

--X- Kurzer Ruck an der Leine

Signale sofort erwidern, sonst wiederholen !
Leine muß immer unter leichtem Zug stehen !

Abb. 5

Leinensignale

DTSA
Sonderbrevet
Suchen und
Bergen

Um einen Drall zu vermeiden, dürfen nur geflochtene Leinen verwendet werden.

gedreht (geschlagen)   geflochten

Als Grundleine: Nicht schwimmend, Dichte größer 1,
als Signalleine: Schwimmleine, Dichte kleiner als   1

Forderungen: Signalfarbig, evtl. nachleuchtend, maximal 50 m
          lang, mit Längenmarkierungen.
          Festigkeit min. 2000 N, Durchmesser mindestens
          8 mm, um auch mit Handschuhen greifbar zu sein!
          (Forderung der Berufsgenossenschaft in der
          VBG 39 : 10 - 14 mm).

Abb. 6

Leinen

DTSA
Sonderbrevet
Suchen und
Bergen

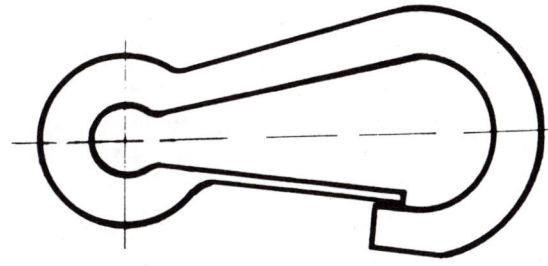

Halb offene Bauform.
Vorsicht! Öffnung nach innen, zum Körper hin!

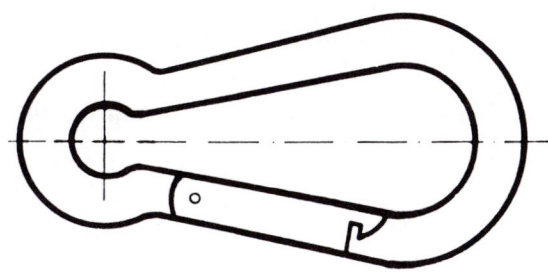

Verklinkte Bauform

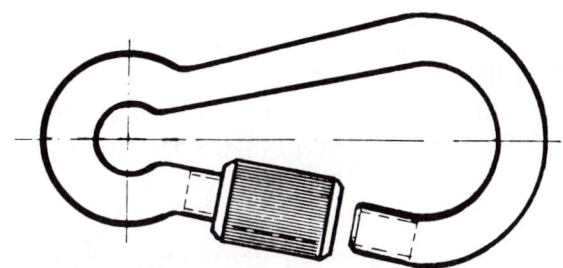

Verschraubte Bauform

Abb. 7

Karabinerhaken

**DTSA
Sonderbrevet
Suchen und
Bergen**

Die Probleme des Verhängens vergrößern sich, je länger die Führungs- und Signalleine ist. Aus diesem Grund sollte die Länge von 50m nicht überschritten werden. Die Leine sollte geflochten, schwimmfähig, signalfarben und mindestens 8 mm stark sein, um auch mit Neoprenhandschuhen noch gut greifbar zu sein. Die Mindestzugfestigkeit soll 2000N betragen.

Die Leine wird mittels Palstek oder Karabinerhaken am Taucher befestigt und mit einer Hand geführt. Die zweite Hand dient der Unterwassersuche bei schlechter Sicht.

Die Leine dient der Sicherung und Führung des Tauchers. Auf keinen Fall darf sie an dem gefundenen Gegenstand befestigt werden. Nur im äußersten Notfall darf sich der Taucher von ihr lösen, denn dann wäre ein Signalaustausch, eine Richtungsinformation und eine Hilfestellung durch den Sicherungstaucher nicht mehr möglich.

Je nach den örtlichen Gegebenheiten werden zum Suchen verschiedene Suchtechniken eingesetzt.

3.2.1 Scheibenwischermethode

Dabei wird ein - bei guter Sicht auch zwei - Taucher mit der Sicherungsleine durch einen Signalmann (Leinenführer) von einem festen Punkt an Land geführt. Ein Sicherungstaucher ist dabei immer einsatzbereit (Abb. 8). Der Suchbereich wird vorher durch Bojen abgegrenzt.

Der Taucher beginnt am äußersten Ende des Suchbereiches. Er schwimmt immer bogenförmig um den Signalmann, wobei er darauf achten muß, daß der Zug an der Signalleine von der Seite kommt. Die Leine muß immer unter Zug stehen, damit Signale ausgetauscht werden können.

Kommt ein Taucher an die Grenze des Suchbereiches, was der Signalmann an der Leinenrichtung und den Luftblasen erkennt, gibt der Signalmann das entsprechende Leinensignal (links oder rechts) und zieht die Leine um etwa einen Meter ein. Der Taucher dreht sich, nimmt die Leine in die andere Hand und schwimmt in Gegenrichtung bis zur anderen Begrenzung des Suchbereiches.

Das jeweilige Einziehen der Signalleine um etwa einen Meter entspricht der Tastbreite eines Armes (Abb. 9). Ist noch etwas Unterwassersicht bei dieser Suchmethode vorhanden, können die Streifen etwas breiter gewählt werden. Allerdings sollte der Taucher dann so tariert sein, daß er etwas Auftrieb hat. Weder er noch sein Flossenschwall dürfen den Boden berühren, da das dabei aufgewühlte Sediment die Sicht für den nächsten Durchgang vollends trübt.

Bei schlechter Sicht bleibt nur der Tastsinn. Dazu soll der Taucher 1 bis 2 kg mehr Blei haben, um den Bodenkontakt zu verbessern. Wichtig ist der Schutz der Hände - also unbedingt Handschuhe verwenden!

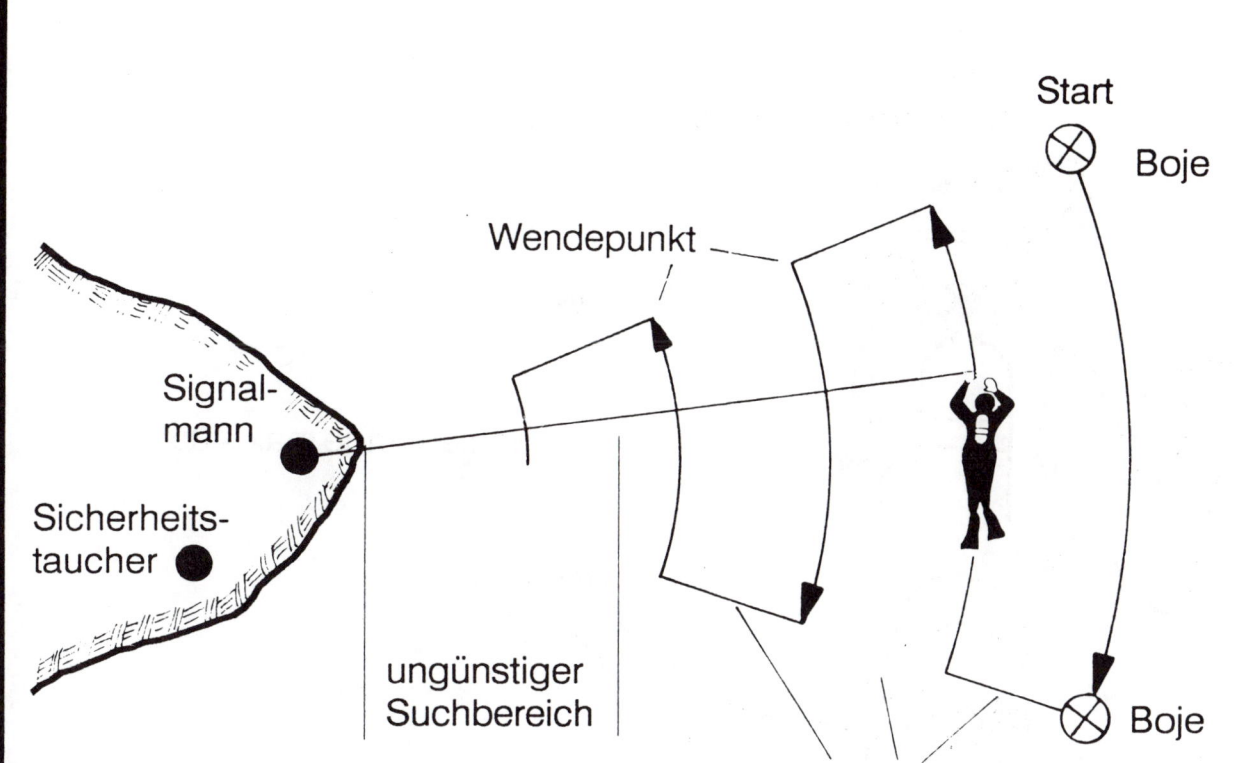

Start
⊗ Boje

Wendepunkt

Signal-
mann ●

Sicherheits-
taucher ●

ungünstiger
Suchbereich

⊗ Boje

ca. 1 Meter
abhängig von der
Größe des gesuchten
Objektes.

Im ungünstigen Suchbereich ist der
Leinenzug zu schräg nach oben -
Auftrieb und ungenaue Richtung!

1 Taucher an Signalleine (farbige Schwimmleine, ca. 50 m lang,
                          Zugfestigkeit min. 2000 N, 2 Bojen)
1 Signalmann (Leinenführer)
1 Sicherungtaucher, voll ausgerüstet !

Abb. 8

Suchen
"Scheibenwischer"

DTSA
Sonderbrevet
Suchen und
Bergen

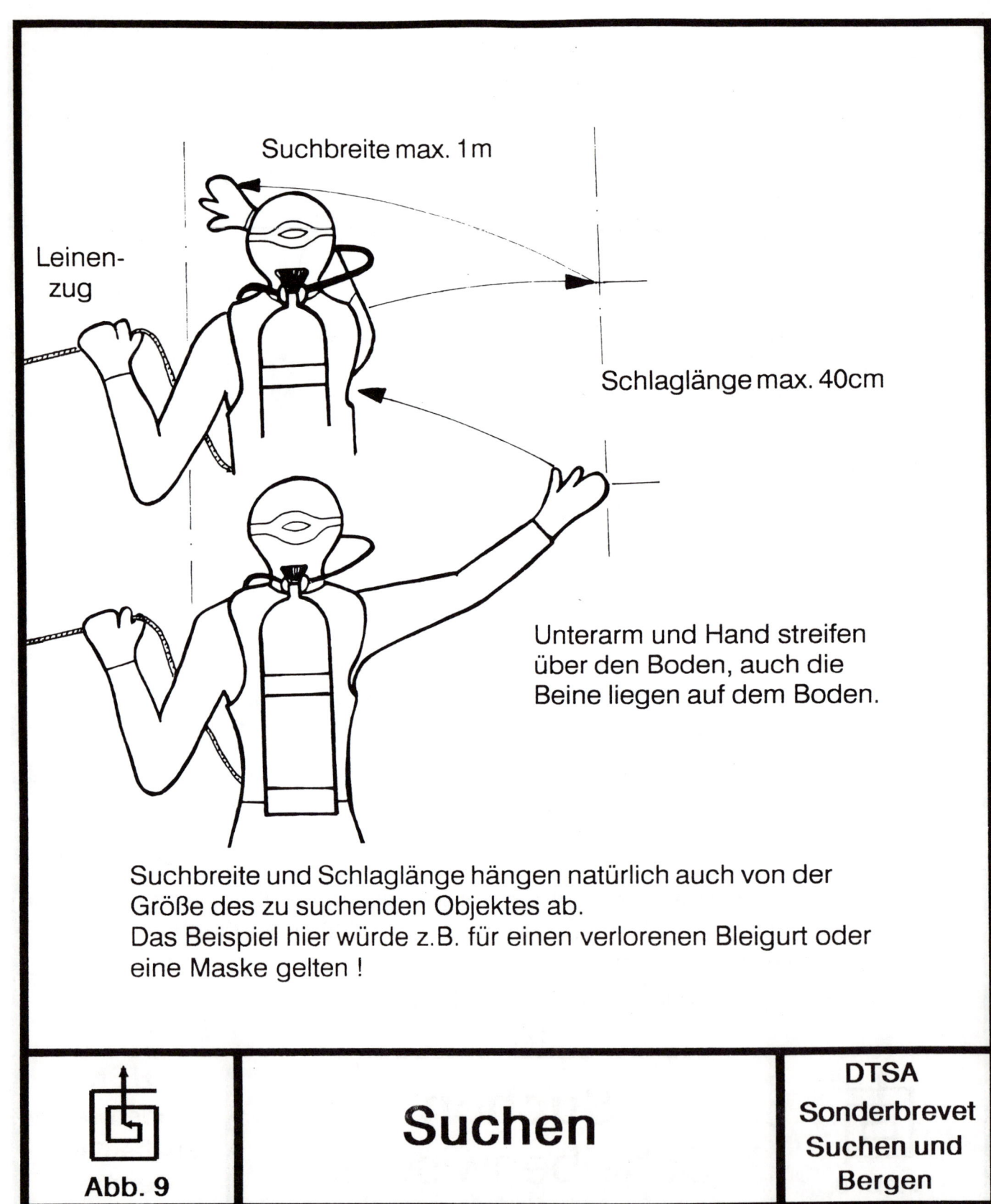

Suchbreite max. 1m

Leinen-
zug

Schlaglänge max. 40cm

Unterarm und Hand streifen
über den Boden, auch die
Beine liegen auf dem Boden.

Suchbreite und Schlaglänge hängen natürlich auch von der
Größe des zu suchenden Objektes ab.
Das Beispiel hier würde z.B. für einen verlorenen Bleigurt oder
eine Maske gelten !

| Abb. 9 | **Suchen** | DTSA Sonderbrevet Suchen und Bergen |

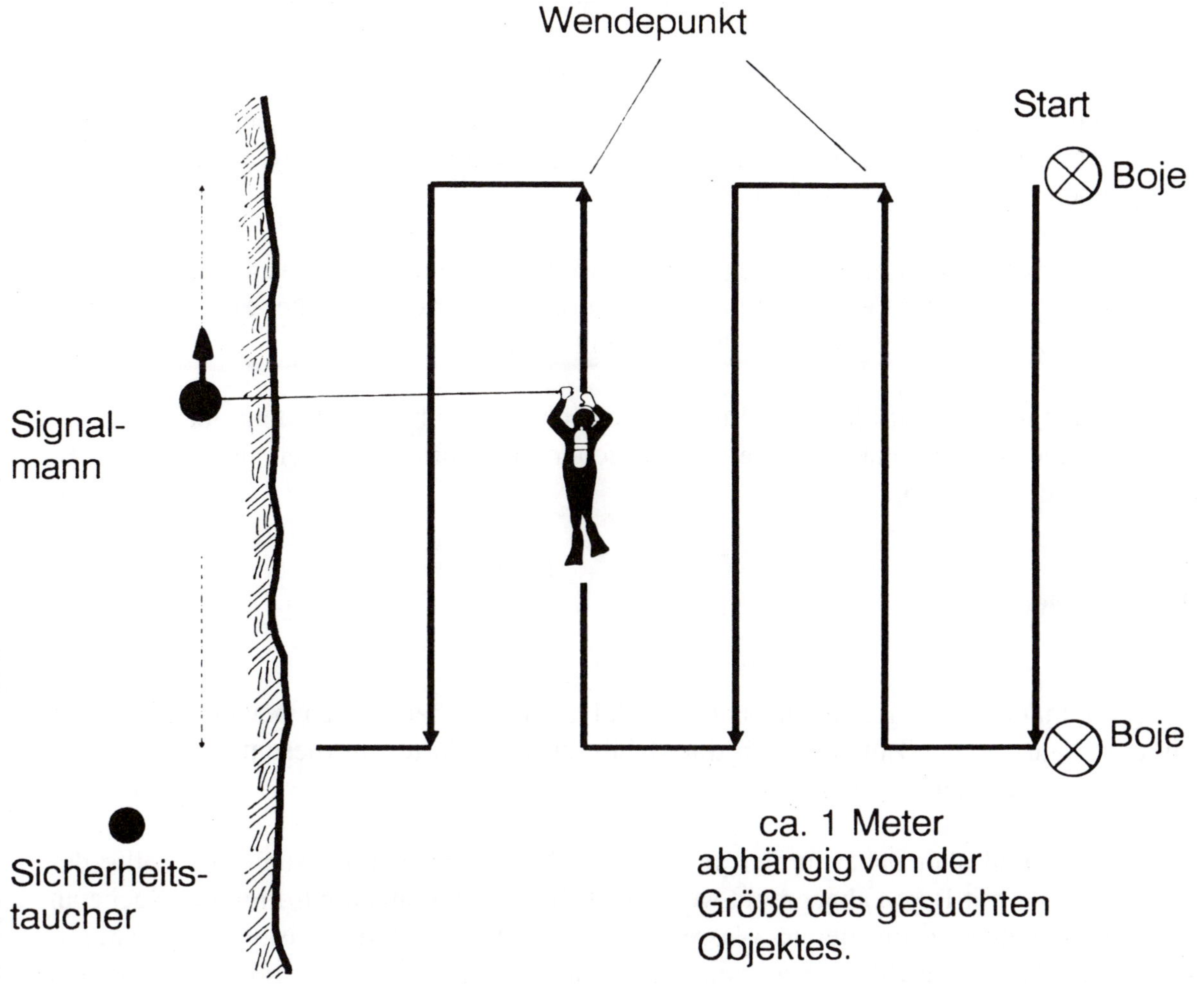

Wendepunkt

Start

⊗ Boje

Signal-
mann

Sicherheits-
taucher

⊗ Boje

ca. 1 Meter
abhängig von der
Größe des gesuchten
Objektes.

1 Taucher an Signalleine (farbige Schwimmleine, ca. 50 m lang,
                          Zugfestigkeit min. 2000 N, 2 Bojen)
1 Signalmann (Leinenführer)
1 Sicherungstaucher, voll ausgerüstet !

Abb. 10

Suchen
-- uferparallel -

**DTSA
Sonderbrevet
Suchen und
Bergen**

Um zu verhindern, daß sich die Leine im entlasteten Zustand an Hindernissen verhängt oder über den Boden schleift, muß es eine Schwimmleine sein. Der Auftrieb kann auch durch eine kleine Boje noch etwas verstärkt werden.

Der kürzeste Abstand zum Signalmann ist erreicht, wenn die Leine steiler als 45° ist. Dann ist die Seitenrichtung nicht mehr eindeutig und der Zug erzeugt für den Taucher zuviel Auftrieb. Eventuell muß der Standort des Signalmannes verlegt werden.

Stimmt die Richtung der Luftblasen und der Leine nicht mehr überein, besteht der Verdacht, daß sich die Leine verhängt hat. Signal an den Taucher zum Zurückkommen geben, eventuell Sicherungstaucher einsetzen.

3.2.2 Uferparalleles Suchen

Hat der Signalmann die Möglichkeit, sich parallel zum Taucher mit zu bewegen, z.B. am Ufer entlang, kann er den Taucher auch direkt führen. Der Vorteil in diesem Fall ist die in etwa gleichbleibende Tiefe.

Der Signalmann muß aber dabei immer auf der gleichen Linie laufen. Auch hier sollte der Suchbereich vorher mit Bojen abgegrenzt werden (Abb. 10). Begonnen wird mit der Suche an der äußeren Begrenzung im tiefen Wasser. Das ist für den Druckausgleich günstiger, außerdem fällt das aufgewühlte Sediment mehr nach unten in den bereits abgesuchten Bereich.

3.2.3 Kreisförmiges Suchen

Eine andere Suche verwendet Vollkreise. Der Taucher - geführt vom Signalmann - schwimmt kreisförmig um ein Grundgewicht, mit dem er durch eine in der Hand geführte Führungsleine verbunden ist. Eine weitere am Grund liegende Leine hat die Aufgabe, dem Taucher das Ende einer Umkreisung zu signalisieren. Um zu verhindern, daß sich die Signalleine mit der nach oben führenden Bojenleine verwickelt, ändert er jeweils an der Grundleine seine Richtung, wobei er jeweils die Führungsleine zum Grundgewicht um einen Meter verlängert (Abb. 11).

3.2.4 Suchstange

Sind mehrere Taucher und entsprechendes Material verfügbar, kann der Bereich auch kammförmig abgesucht werden (Abb. 12). Der Führungsmann am Ufer zieht eine Stange langsam über den Grund, am dem sich die Taucher - seitlich jeweils auf Tuchfühlung - mit einer Hand festhalten, während mit der anderen Hand der Boden abgetastet wird. Nachteilig dabei ist, daß die einzelnen Taucher nicht nach oben hin abgesichert sind. Eine

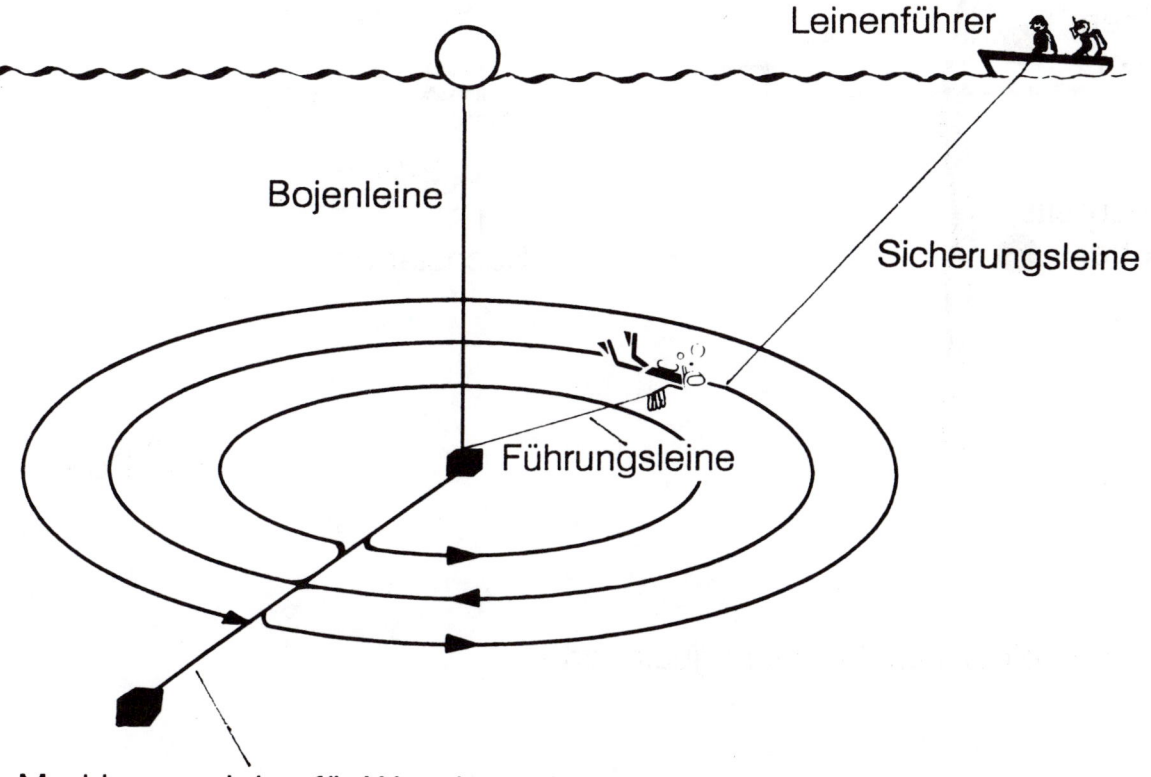

Sicherungstaucher

Leinenführer

Sicherungsleine

Bojenleine

Führungsleine

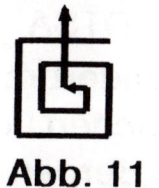

Markierungsleine für Wendepunkt, damit die Führungsleine sich nicht um die Bojenleine wickelt !

Suchen
kreisförmig

Abb. 11

DTSA
Sonderbrevet
Suchen und
Bergen

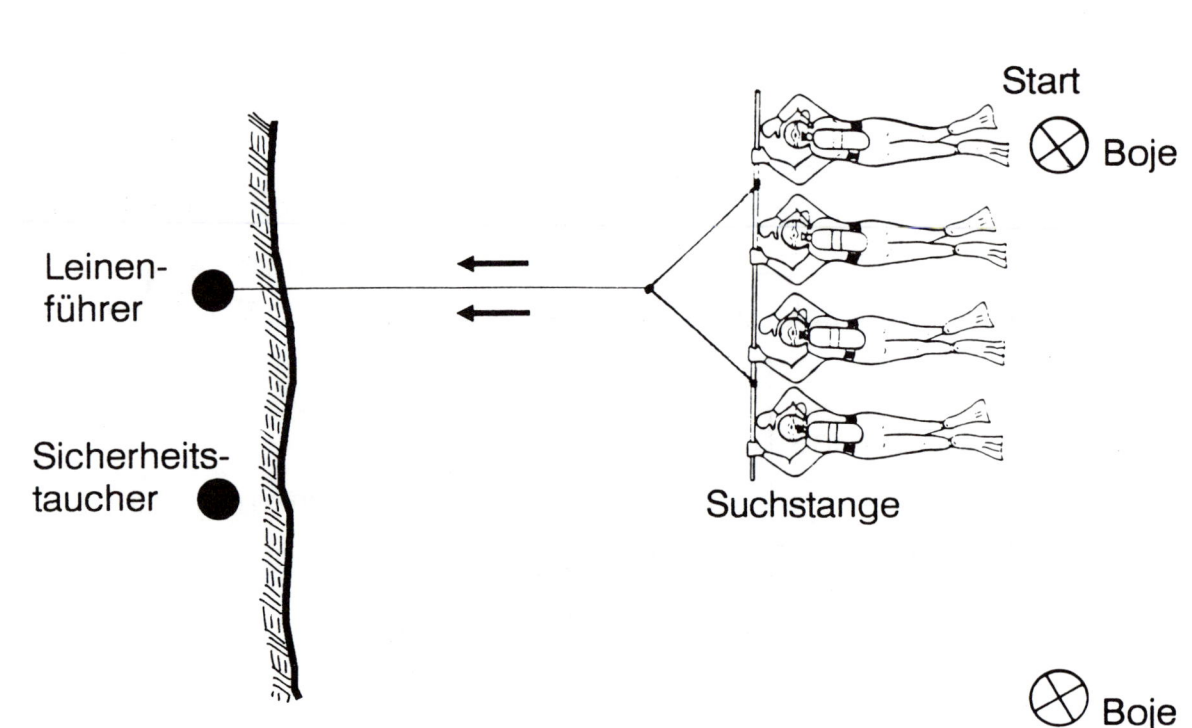

Start

⊗ Boje

Leinen-
führer

Sicherheits-
taucher

Suchstange

⊗ Boje

Einzelner Taucher nicht gesichert!

Mehrere Taucher gleichzeitig, Suchstange (ca.1m pro Taucher)
Schwimmleine ca.50m lang
1 Signalmann (Leinenführer)
1 Sicherungstaucher, voll ausgerüstet !

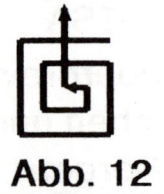

Abb. 12

Suchen
Suchstange

DTSA
Sonderbrevet
Suchen und
Bergen

Leinenverbindung untereinander ist ungünstig, bei Problemen ist dadurch mehr Gefährdung als Sicherheit gegeben.

Psychologisch hat diese Methode zwar Vorteile (Körperkontakt zum Partner), eine Hilfestellung ist aber schwer möglich.

3.3   Ausrüstung für die Unterwassersuche mit Leinenführung

Die Ausrüstung muß vollständig und bekannt sein, so daß alle Bedienungen (z.B. Inflator) auch blind möglich sind. Dies gilt für die eigene Ausrüstung wie für die des Partners.

Eine Lampe ist bei schlechter Sicht sinnlos, sie bindet nur eine Hand.

Wenn der Finimeter nicht ablesbar ist, muß zusätzlich eine Sicherheitseinrichtung (Reserve oder akustisch) vorhanden sein (Euronorm EN 250).

Knieschoner schützen den Anzug, Handschuhe die Hände.

Unbedingt mitgeführt werden muß ein Messer, das einen Sägeschliff haben sollte.

Es dürfen nur Leinen verwendet werden, keine Drahtseile! Die Leinen sollen geflochten, schwimmfähig und signalfarben sein, und eine Zugfestigkeit von mindestens 2000N besitzen. Sie sollten nicht zu dünn sein (min. 8 mm), um mit Neoprenhandschuhen noch gut greifbar zu sein (Abb. 6).

Eine kleine Markierungsboje sollte vom Taucher mitgeführt werden, um den gefundenen Gegenstand, wenn er schwer ist zu markieren.

Achtung!   Auf keinen Fall darf die Signalleine an dem gefundenen
                 Gegenstand befestigt werden.
                 Leinensignale unbedingt vorher absprechen.

3.4   Gefahren der Unterwassersuche bei schlechter Sicht

Außer dem psychologischen Aspekt besteht auch reale Gefahr durch Unterwasserhindernisse, in denen man sich verhängen kann, durch Strömung, Schiffsverkehr, verschmutztes Wasser usw..

Riskant ist die Unterwassersuche bei Strömung in Bächen und Flüssen. Die Suche soll ebenfalls nur an Leinen stets stromauf erfolgen, da dadurch aufgewirbeltes Sediment sofort weggespült wird. Strömungsgeschwindigkeiten von 0,5m/sec sind wohl die Grenze.

3.5   Suchaktion für verlorene Tauchpartner und für abgetriebene Taucher

Es sollte ja nicht sein, trotzdem kommt es vor, daß man seinen Tauchpartner unter Wasser verliert. In solch einem Fall langsam bis zu der Stelle zurückschwimmen, wo man ihn zuletzt gesehen hat, dabei nach allen Richtungen schauen - auch nach oben !

Etwas höher gehen, da am Grund die Sicht oft schlechter ist. Am besten sind meist die oft blinkenden, aufsteigenden Luftblasen zu sehen. Hat die Suche nach etwa einer Minute keinen Erfolg, austauchen und an der Oberfläche nach Luftblasen schauen. Hat der Tauchpartner ebenso gehandelt, trifft man sich an der Oberfläche.

Etwas problematischer ist es, bei Strömung im offenen Meer.

Wie schon im Sonderbrevet Nr. 8 "Strömungstauchen" beschrieben, ist es leider gar nicht so selten, daß einzelne Taucher aber auch ganze Tauchgruppen so weit abtreiben, daß sie vom Begleitboot aus nicht mehr gesehen werden.

Dazu gehört für jeden Taucher eine entsprechende Zusatzausrüstung wie z.B. Markierungsballon, Sicherheitsblitz, Leuchtstäbe, Lampen, Nikosignal, signalfarbene Weste oder Jacket mit Reflexstreifen. Dem Bootsführer sollte diese Ausrüstung gezeigt werden, damit er sich bei einer eventuellen Suche darauf einstellen kann.

Auch Zeitpunkt und Strömungsrichtung sind wichtig und können ausschlaggebend für den Erfolg der Suche sein. Bei einem Strömungstauchgang am Vormittag erleichtert die hochstehende Sonne die Suche und es bleibt mehr Zeit bis zum Einbruch der Dunkelheit. Ist die Strömungsrichtung zum engeren Bereich, also in die Bucht bzw. in das Atoll hinein, verkleinert sich im Fall eines Abtreibens das in Frage kommende Suchgebiet erheblich.

Zur Tauchgangsbesprechung gehören auch die Maßnahmen, die von den "Opfern" zu ergreifen sind. Die Gruppe muß unbedingt zusammen bleiben, da dann die Chance, vom Boot aus gesehen zu werden größer ist. Anfälle von Panik sind zu bekämpfen, da sie die Gruppe schnell sprengen würden. Sofort Markierungsballon aufblasen!

Schnelligkeit ist Trumpf bei der Suche - je schneller mit der Suche begonnen wird, umso kleiner ist das in Frage kommende Suchgebiet - eine Verdopplung der Zeit entspricht einer Vervierfachung der abzusuchenden Fläche!

Es sollten daher auch gleich von Anfang an möglichst viele Schiffe und gegebenenfalls auch Hubschrauber eingesetzt werden.

Entscheidend ist die Ausrüstung bei der systematischen Suche! Hierzu zählt vor allem die Bootsausrüstung wie Funk, Radar, Navigationseinrichtungen und starke, nachttaugliche Ferngläser mit eingespiegelten Gradzahlen.

Vor Suchbeginn Wind- und Strömungsrichtung feststellen. Bei der Strömungsrichtung sind auch Änderungen durch Riffe oder Inseln mit zu berücksichtigen, ebenso Wind- und Gezeitenwechsel. Die Meinung, man brauche bei Gezeitenströmungen nur lange genug - also 12 Stunden bis zur nächsten Gezeitenphase - zu warten, um wieder an der gleichen Stelle angespült zu werden, ist leider falsch, da durch Wind und überlagerte Strömungen ein starker Versatz normal ist. Auch ist nicht jeder Tidenhub gleich. Auf eine sehr hohe Flut kann eine Flut mit minimalem Gezeitenhub folgen, so daß der "Rückspüleffekt" unwirksam wird.

Das in Frage kommende Suchgebiet wird in die Seekarten eingetragen, mit den entsprechenden zeitbedingt größer werdenden Suchkreisen. Diese Angaben werden auch an die anderen Suchschiffe weitergegeben.

In der maximal errechneten Entfernung vom Verlustort plus einem Sicherheitszuschlag bilden die Suchschiffe eine Kette und fahren in Sichtweite zueinander feste Suchschleifen senkrecht zur Strömungsrichtung. Die Führung sollten dabei Schiffe mit Navigationseinrichtungen (z.B. Satellitennavigation) übernehmen, um einen wind- und strömungsbedingten Versatz zu kompensieren.

Die Sichtweite und damit der Abstand der Suchschiffe untereinander hängt von zahlreichen Faktoren ab. Dazu gehören z.B. die Wellenhöhe, Helligkeit, Wetter (Regen, Nebel), die Position der Sonne und die Standhöhe der Beobachter auf den Suchschiffen.

Durch die Erdkrümmung wird der Signalballon eines treibenden Tauchers im günstigsten Fall auf 5 km sichtbar sein, wenn der Beobachter mit seinem Glas 2 Meter über dem Wasserspiegel ist. Die maximale Sichtweite erweitert sich bei

  3m Standhöhe auf 6 km
  4m Standhöhe auf 7,1 km
  5m Standhöhe auf 7,9 km

Diese theoretisch mögliche Sichtweite wird aber nie erreicht, da der treibende Taucher auch bei glatter See viel früher so klein erscheint, daß er unsichtbar ist.

Bei einer Wellenhöhe von 50 cm kann der Taucher schon auf 500 m Entfernung kaum noch gesehen werden, weil er immer nur kurze Zeit angehoben wird, die meiste Zeit aber durch die Wellen verdeckt ist. Hier vergrößert ein aufblasbarer Sicherheitsballon in Signalfarbe die Chancen erheblich

Bei nächtlichen Sucheinsätzen würde auch bei Windstille das Motorengeräusch jedes Rufen übertönen, daher hin und wieder Motor abstellen, rufen und lauschen.

Glaubt man etwas gesehen zu haben, sofort Peilung nehmen, um die in Frage kommende Richtung nicht zu verlieren.

4   Suchhilfen

4.1   Schleppbrett

Bei der Unterwassersuche mittels Kompaß und immer größer werdenden Suchquadraten (3.1) kommen sehr schnell große Tauchstrecken zusammen. Ist noch ausreichende Unterwassersicht vorhanden, dann ist es Zeit, Luft und Kräfte sparend, wenn der Taucher sich mittels Schleppbrett von einem langsam fahrenden Motorboot durch das Wasser ziehen läßt.

Das Schleppbrett besteht aus einem etwa 60x45 cm großen Holzbrett oder Blech, mit abgeschrägten Ecken und seitlich angebrachten Griffen. Die Griffe sollten nicht rund sondern etwas flach sein, damit man sie gut mit der Hand auch gegen den Strömungswiderstand drehen kann (Abb. 13). Durch Löcher in den Griffen, die in der Brettmitte liegen sollen, werden die Enden des Trapezes am Zugseil gefädelt und verknotet. Das Trapez dient der Stabilisierung der Richtung.

Durch leichtes Ankippen des Brettes kann der Taucher leicht die Tiefe variieren. Das Brett wirkt wie das Höhenruder eines Flugzeuges.

Die Tiefe ist allerdings begrenzt, da das schräg von oben kommende, vom Wasser angeströmte Zugseil einen Auftrieb erzeugt, der vom schräg gestellten Schleppbrett kompensiert werden muß. Bei etwa 20m liegt die Grenze. Dann ist die erforderliche Schrägstellung des Brettes so groß, daß es nur noch als Bremse wirkt.

Auch die Geschwindigkeit ist begrenzt. Bei etwa 5km/h ist der Zug auf die Arme und die Schläuche des Atemreglers unangenehm. Da der Taucher einerseits keinerlei Bewegungen machen muß, andererseits stark vom Wasser umströmt wird, wird er auch schnell auskühlen.

Bei der Suche mittels Schleppbrett wird das Suchgebiet mittels Bojen abgesteckt und die Fläche in Streifen mit der Breite der Unterwassersicht abgesucht. Der Taucher sollte eine kleine Markierungsboje bereit halten, mit der er den Fundort kennzeichnen kann, ohne das Schleppbrett loslassen zu müssen.

4.2   Unterwasser-Scooter

Ein Unterwasser-Scooter ist ein elektrisch oder pneumatisch betriebenes Unterwasserfahrzeug. Der Taucher hängt sich an die zwei Griffe, die gleichzeitig den Ein-/Ausschalter beinhalten und läßt sich durch das Wasser ziehen. Der Vortrieb wird dabei von einer Antriebsschraube erzeugt. Beim Loslassen des Scooters schaltet er sich automatisch

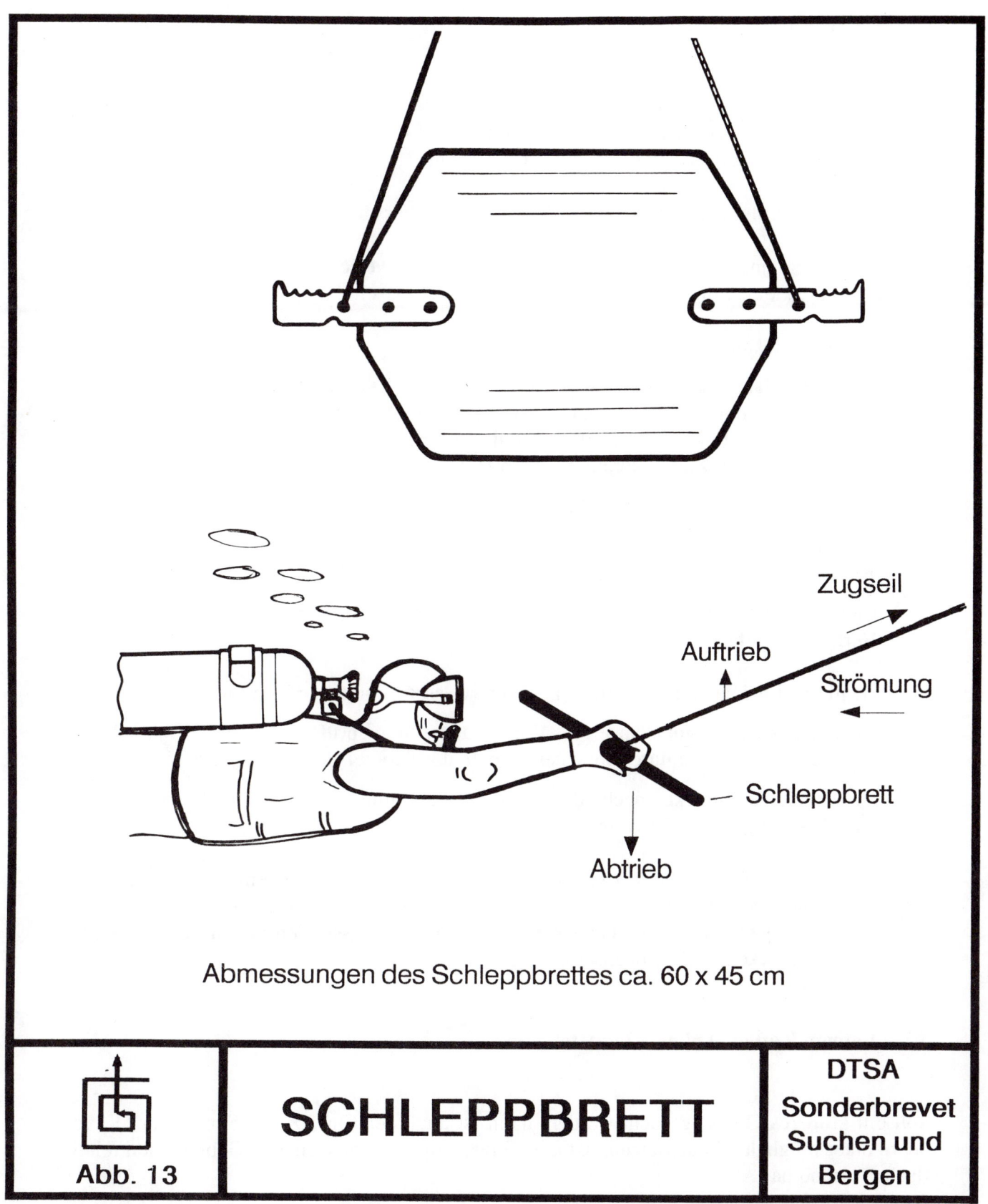

Zugseil

Auftrieb

Strömung

Schleppbrett

Abtrieb

Abmessungen des Schleppbrettes ca. 60 x 45 cm

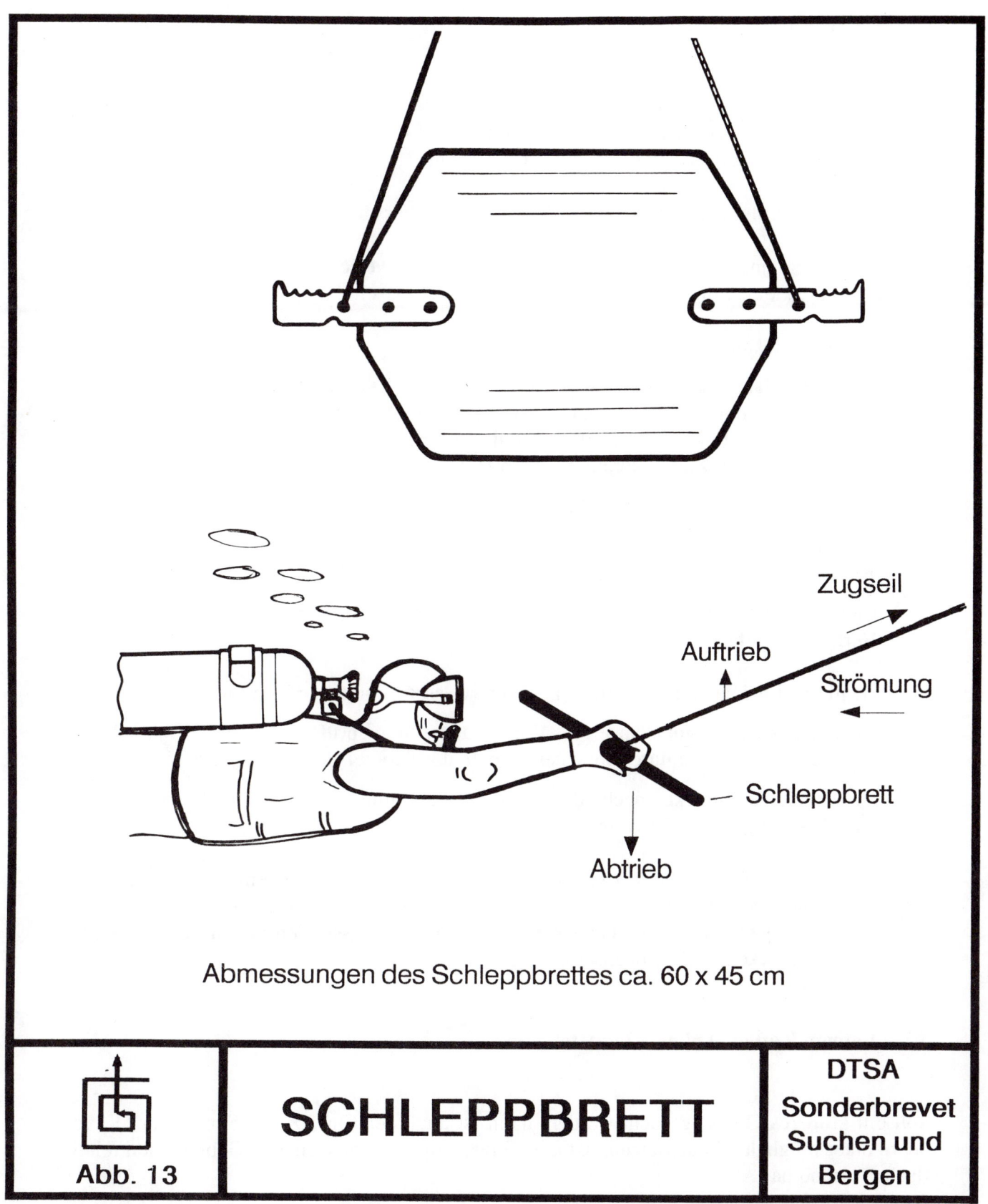	**SCHLEPPBRETT**	DTSA Sonderbrevet Suchen und Bergen

Abb. 13

ab. Er sollte gewichtsneutral sein, im Wasser also schweben. Gut wäre ein minimaler Auftrieb, der verhindert, daß der Scooter verloren geht.

Die Steuerung erfolgt durch dir Körperhaltung des Tauchers bzw. mit den Flossen.

Bei der Verwendung eines Scooters ist der Taucher nicht gesichert, da er alleine taucht. Gut wäre aber eine kleine mitgeführte Schleppboje, die aber Geschwindigkeit kostet.

Weitere Gefahren sind:

- Begrenzte Batteriekapazität bzw. Luftkapazität. Der Taucher kann sich sehr schnell sehr weit von seinem Boot entfernen. Läßt dann die Antriebsleistung wegen erschöpfter Batteriekapazität nach oder geht die für den Antrieb benötigte Preßluft zur Neige, kann er Probleme beim Zurückkommen bekommen.

- Der Taucher kommt schnell in die Tiefe, eventuell tiefer als er geplant hatte.

- An Abhängen oder beim Übertauchen von Felsen überschreitet man sehr leicht die vorgeschriebene Aufstiegsgeschwindigkeit um ein vielfaches.

- Einige Scooter haben frei laufende Schrauben ohne Schutzgitter - Vorsicht! Verletzungsgefahr!

Die Orientierung bei der Verwendung eines Unterwasser-Scooters erfolgt für die

- Richtung nach Kompaßanzeige. Vorher unbedingt prüfen, ob der Kompaß von Eisenteilen oder stromdurchflossenen Kabeln des Scooters abgelenkt wird.

- zurückgelegte Strecke nach der Zeit. Dabei muß eine eventuell nachlassende Antriebsleistung berücksichtigt werden.

Anzumerken ist noch, daß die Verwendung eines Fahrzeuges mit eigenem Antrieb (und dazu gehören Scooter) gemäß Wassergesetz §26 in Binnengewässern (Baggersee, Talsperre, etc.) verboten ist. Ausgenommen sind Gewässer, die als Schiffahrtsstraßen gelten bzw. Gewässer mit Motorbootsverkehr (z.B. Bodensee).

4.3   Leinen, Ketten, Anker, Magnete

Soll ein größeres Objekt gesucht werden, dann ist auch der Einsatz von Suchleinen, Ketten oder Anker möglich. Voraussetzung ist allerdings, daß das abzusuchende Gebiet einen relativ flachen Grund hat.

Dazu wird z.B. eine durch kleine Gewichte beschwerte Leine von zwei parallel fahrenden Booten langsam über den Grund gezogen. Da sie sich dabei die Leine in jedem Hindernis verhängt, muß dann die Kontrolle durch einen Taucher erfolgen. Dazu taucht der - oder die

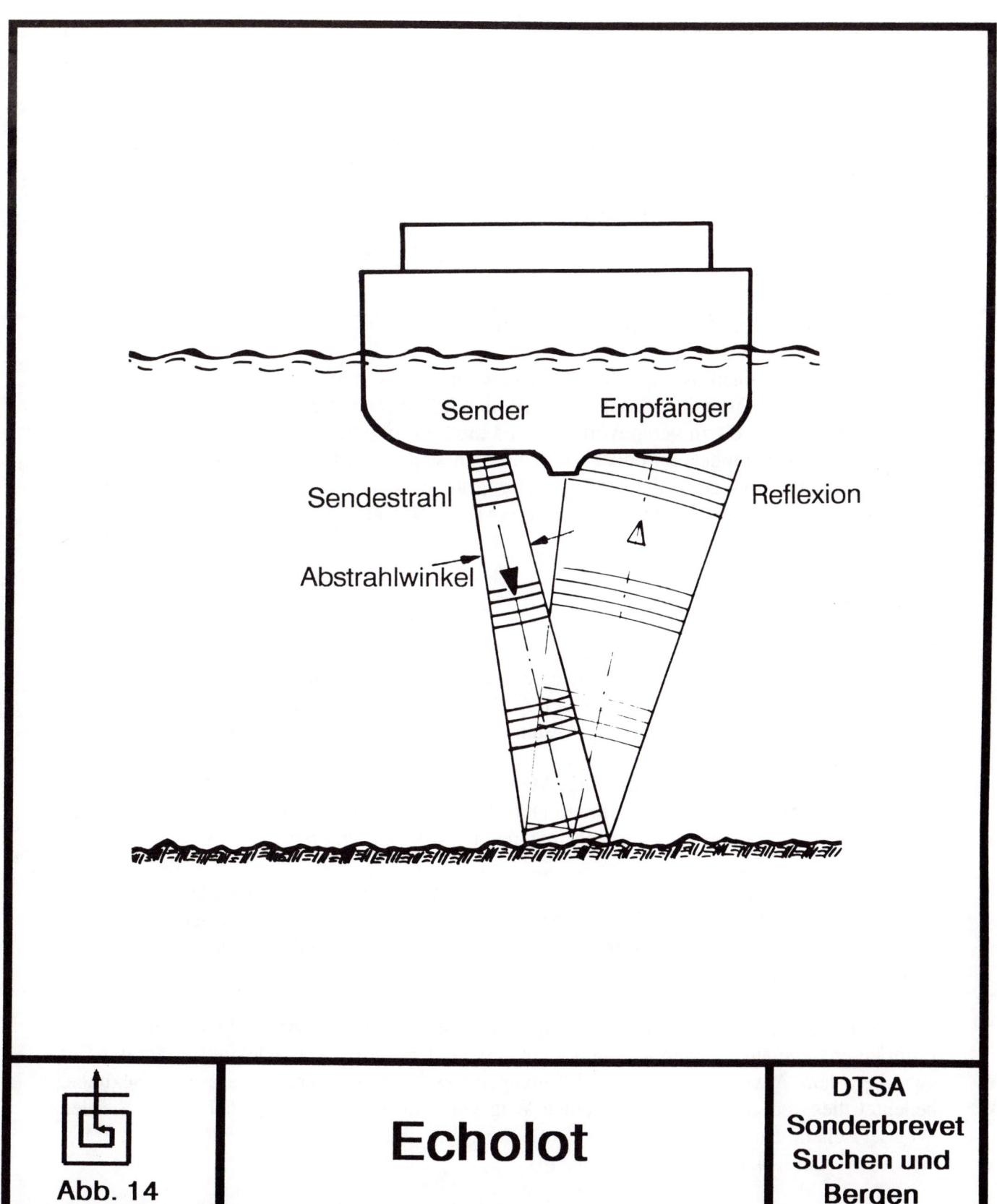

Sender Empfänger

Sendestrahl Reflexion

Abstrahlwinkel

| Abb. 14 | **Echolot** | DTSA Sonderbrevet Suchen und Bergen |

Taucher durch Leinen gesichert an der Suchleine entlang ab. Dabei ist größte Vorsicht geboten, damit sich der Taucher nicht auch am Hindernis verfängt.

Ähnlich wirken Suchketten oder Anker.

Der Einsatz eines Magneten ist nur möglich, wenn es sich bei dem zu suchenden Objekt um Eisen handelt (z.B. Wracks, Autos - allerdings nicht der "Trabbi"!). Die endgültige Kontrolle, um was es sich bei dem Hindernis handelt, bleibt auch hier den Tauchern vorbehalten.

Bei allen Suchaktionen ist der Umweltschutz zu berücksichtigen. Es ist in jedem Fall abzuwägen, ob der durch die Suchaktion - z.B. durch Seile oder Ketten - verursachte Schaden an der Unterwasserwelt zu verantworten ist. Es muß jeweils die für die Umwelt schonendste Such- und Bergemethode verwendet werden, wenn sich die Arbeit nicht umgehen läßt. Das gilt erst recht für Übungen. Hier muß vorher geprüft werden, um Schäden zu vermeiden. Im Zweifelsfall muß auf die Übung an diesem Gewässer verzichtet werden.

4.4   Echolot

Beim Echolot wird die Zeit zwischen einem ausgesandten, pulsförmigen Ultraschallsignal und dem vom Boden oder von anderen Gegenständen (Wrack, Felsen, Fische, etc.) reflektierte Echo dazu verwendet, den Abstand zur Reflexionsstelle zu ermitteln.

Die Ultraschallsignale sind für uns Menschen unhörbar, da sie in einem höheren Frequenzbereich liegen als wir wahrnehmen können. Delphine werden Sie aber vermutlich hören, da sie sich nach dem gleichen Prinzip unter Wasser orientieren.

Die Ausbreitungsgeschwindigkeit des Schalls ist im Wasser wegen der hohen Dichte etwa 4,5 mal so groß wie in der Luft (330 m/s) und liegt bei etwa 1450 Metern pro Sekunde. Sie ist zusätzlich noch von der Wassertemperatur und dem Salzgehalt abhängig, aber diese Abweichungen sind für unsere Anwendung bedeutungslos.

Aus der Dauer, die das Signal benötigt, um vom Sender zur Reflexionsstelle und zurück zum Empfänger zu gelangen, kann man nun recht einfach den Abstand berechnen. Beträgt die Zeit zwischen dem Aussenden und dem Empfangen des Signals beispielsweise 1/10 Sekunde, bedeutet dies, daß die Schallwellen einen Weg von 145 m zurückgelegt haben. Da Sie den Weg zwischen dem Meßgerät und der Reflexionsstelle ja zweimal zurückgelegt haben ergibt sich als Abstand 145m/2 = 72,5m (Abb. 14).

Je nach Abstrahlwinkel und Sendefrequenz des Schwingers (Senders) und je nach dem ob nur die Dauer oder auch weitere Informationen wie Empfangswinkel, Frequenz oder Signalstärke gemessen werden, können nicht nur die Tiefe sondern auch die Bodenbeschaffenheit (Felsen, Schlammdicke), größere Fische oder Fischschwärme oder ausgeprägte Sprungschichten erkannt werden.

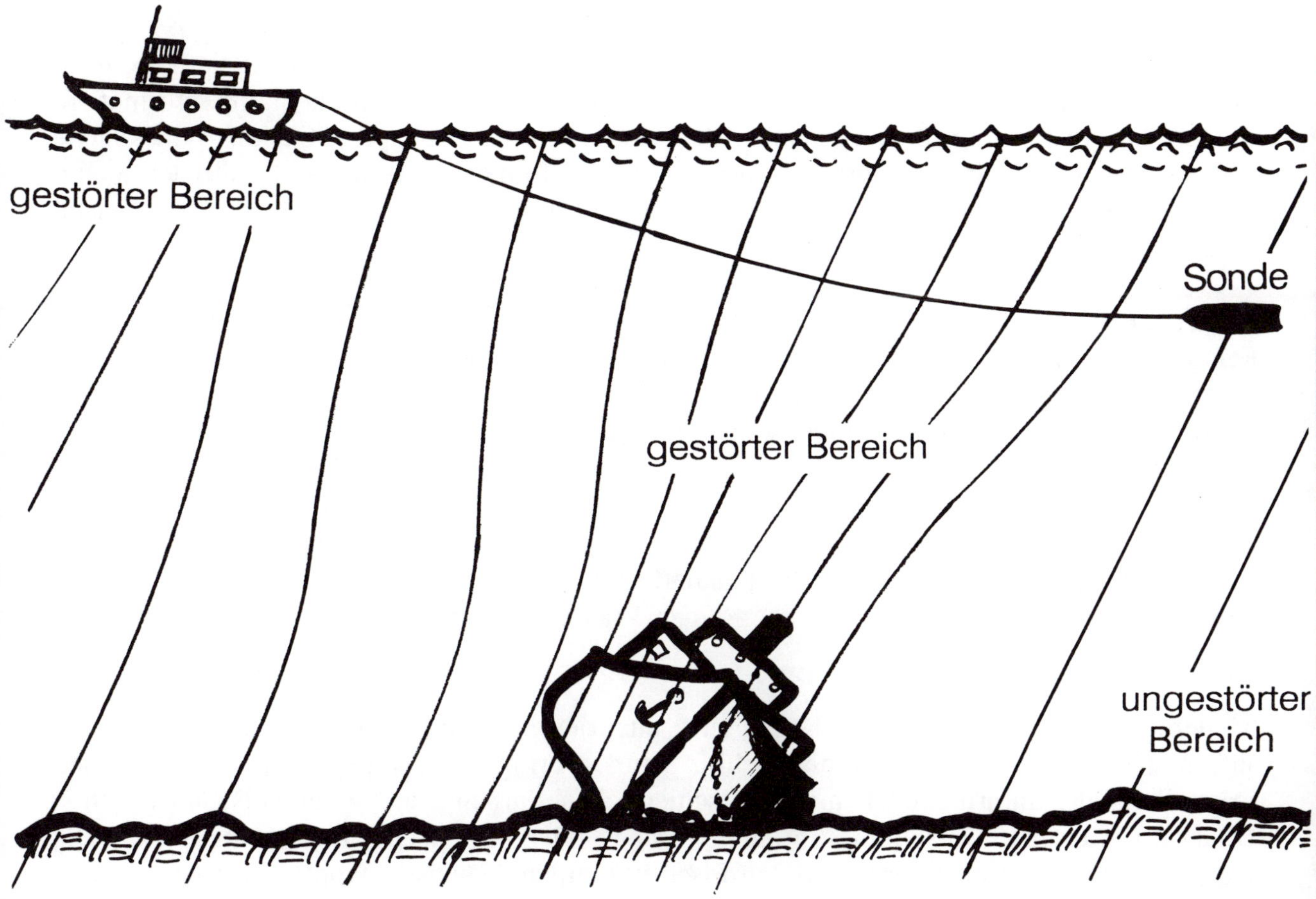

gestörter Bereich

Sonde

gestörter Bereich

ungestörter Bereich

Das hier z.B schräg einfallende Erdmagnetfeld, das im Normalfall homogen (gleichmäßig) ist, wird durch das Eisen des Wracks verzerrt, da Eisen die Kraftlinien bündelt.
Diese Störung des Feldes wird durch die Sonde erfaßt.

Abb. 15	**Magnetometer**	DTSA Sonderbrevet Suchen und Bergen

Einfache Geräte zeigen mittels Leuchtdioden, Zeiger- oder Digitalinstrument lediglich die aktuelle Entfernung an. Solche Geräte sind auch schon im Taschenlampenformat in druckfester Ausführung für Sporttaucher lieferbar (z.B. von Scubapro). Für die Wracksuche sind sie aber nur bedingt geeignet, etwa wenn man auf ebenem Grund sitzt und nach einem hoch aufragenden Wrack sucht. Ob man jetzt aber wirklich das Wrack oder nur einen Felsen gefunden hat muß man schon selber herausfinden.

Besser geeignet sind die etwas aufwendigeren Echoschreiber, die, abhängig von der Fahrgeschwindigkeit, das Bodenprofil kontinuierlich aufzeichnen. Hierbei muß man auch nicht mehr dauernd auf die Anzeige achten. Ob man allerdings eine vor ein paar Minuten überfahrene Stelle auch wiederfindet sei dahingestellt.

Manche Echoschreiber zeigen durch die Verwendung unterschiedlicher Grautöne auch zusätzliche Informationen wie etwa die Bodenbeschaffenheit oder Fischschwärme an. Die Deutung dieser Aufzeichnungen erfordert natürlich Erfahrung, die nur durch Vergleich der Aufzeichnungen mit der vom Taucher unter Wasser vorgefundenen Bodenbeschaffenheit möglich ist.

Moderne Echolote werten die Daten mit integrierten Computern aus und stellen die Informationen auf einem Farbbildschirm zur Verfügung. Neben der vordefinierten Darstellung der Informationen mit unterschiedlichen Farben werden teilweise auch schon Bilder, etwa zur Darstellung großer Fische oder Fischschwärme, eingesetzt. Die Unterscheidung zwischen einem großen Fisch und einem Taucher klappt aber noch nicht so richtig. Zusätzlich kann man sich verschiedene Ansichten anzeigen lassen, etwa eine Gesamtansicht von der Wasseroberfläche bis zu Grund und daneben einen vergrößerten Ausschnitt des Grundes.

4.5 Magnetometer

Wie der Name schon ausdrückt, werden hiermit Magnetfeldunterschiede gemessen.

Die Erde hat ein Magnetfeld, das mit kleinen Abweichungen vom magnetischen Nord- zum Südpol verläuft, wobei allerdings der geographische Pol etwas vom magnetischen Pol abweicht. Das Kraftfeld (bildlich in Abb. 15 als Kraftlinien dargestellt) ist allgegenwärtig in Luft, im Wasser und im Erdboden, hört also nicht wie in der Abbildung dargestellt an der Wasseroberfläche auf. Die Kraftlinien laufen nicht parallel zur Erdoberfläche, sie kommen in unseren Breiten mit einem Winkel von ca. 60° aus dem Boden (Inklination) (Abb. 15).

Das Erdmagnetfeld wird von Eisen verzerrt. Dieses Eisen kann ein Erzvorkommen im Boden, aber auch Eisenteile wie von einem Anker oder einem Boot sein. Je größer die Eisenmenge, um so stärker die Beeinflussung des Magnetfeldes. Bei allen Nichteisenmetallen wirkt dieses Gerät nicht. Goldbarren würden wir damit glatt übersehen.

Das gilt normalerweise auch für Holzschiffe. Diese hatten aber meist große Eisenteile wie Anker, Ketten, Kanonen oder gar Maschinen, die meist ausreichen, um Suchaktionen mit dem Magnetometer zu starten.

Die Sonde wird dabei an langen Kabeln hinter dem langsam fahrenden Schiff hinterhergezogen, damit sie nicht durch die Verzerrungen des Feldes durch Eisenteile des eigenen Schiffes beeinflußt wird. Bei Änderung der Kraftlinien wird am Empfangsgerät ein Signal erzeugt. Diese Stelle wird dann mit einer Boje markiert. Durch mehrmaliges Überfahren der in Frage kommenden Stelle wird der Punkt mit der größten Abweichung gesucht. Den Rest müssen wieder die Taucher erledigen.

4.6 Metallsuchgerät

Im Gegensatz zum Mangnetometer kann mit einem Metallsuchgerät Metall jeder Art geortet werden, da die Wirkungsweise vollkommen anders ist.

Im Metallsuchgerät wird über einen Wechselstrom in einer großflächigen Kupferspule ein dauern wechselndes elektromagnetisches Feld erzeugt. Kommt ein Metallteil in den Bereich dieses Feldes, wird darin ein Strom erzeugt, der das Feld schwächt. Diese Schwächung wird in Form eines Pfeiftons oder an einem Instrument angezeigt. Je nach Abstimmung und Umgebungsbedingungen werden auch kleinste Metallteile wie Münzen und Flaschenverschlüsse bis in 2m Entfernung geortet.

Die Geräte sind auch in druckfester Ausführung auf dem Markt und werden vom Taucher direkt auf dem Grund eingesetzt. Die relativ große Empfindlichkeit hat natürlich auch den Nachteil, daß dem Taucher von jedem rostigen Nagel ein Erfolgserlebnis vorgegaukelt wird.

Geräte dieser Art sind daher geeignet, an einer bereits lokalisierten Wrackstelle einzelne im Sand oder Schlamm vergrabene Teile zu orten. Für die Wracksuche von der Oberfläche aus werden sie nicht eingesetzt.

4.7 Videokamera

Vollkommen in den kommerziellen Bereich bzw. den Aufgabenbereich der Polizei und der Hilfeleistungsunternehmen fällt der Einsatz von Videokameras, die meist direkt auf fernsteuerbaren Unterwasserfahrzeugen montiert sind. Eingesetzt werden sie z.B. auch im Bodensee bei der Bergung verunglückter Taucher. Auch die spektakulären Aufnahmen von der Titanik gelangen mit solch einer Einrichtung.

Die Fernsteuerung erfolgt über Verbindungskabel zur Oberfläche über Monitore. Die für die Aufnahme nötige Beleuchtung wird ebenfalls über Kabel mit elektrischer Energie versorgt.

5   Bergen

Was man gefunden hat möchte man möglichst auch besitzen, also muß geborgen werden. Das hat natürlich Grenzen, die sich aus dem Gewicht und den verfügbaren Bergungshilfen ergeben.

Wie schon im Sonderbrevet "Wracktauchen" beschrieben, ist das Bergen von Fundgegenständen, die archäologischen Wert haben, absolut verboten. Hierzu können auch Gegenstände aus Wracks jüngeren Ursprungs gehören, wenn sie als Kulturgut für die Wissenschaft von Interesse sind.

Ebenso ist das Bergen von Überbleibseln der letzten Kriege gefährlich und verboten. Funde dieser Art sind sofort den Behörden zu melden.

Hier muß auch nochmals darauf hingewiesen werden, daß Bergungen in den kommerziellen Bereich gehören. Sporttaucher, die zu Bergearbeiten herangezogen werden, sind nicht versichert!

5.1   Bergen mit Weste bzw. Jacket

Kleinere Fundstücke können direkt geborgen werden, wobei die Weste oder das Jacket gegebenenfalls als Auftriebshilfe eingesetzt werden können.

Folgende Punkte sind dabei unbedingt zu beachten:

- Weste oder Jacket müssen ausreichend Auftrieb haben. Bei den Jackets, gerade bei den kleineren Größen, ist das nicht immer gegeben. Niemals den zu bergenden Gegenstand an der Hand oder an der Ausrüstung festbinden. er muß im Notfall sofort abgeworfen werden können! Aber Vorsicht: Ist darunter auch frei ?

- Luftverbrauch für das Aufblasen von Weste oder Jacket berücksichtigen. Ebenfalls den eventuell durch die Anstrengung erhöhten eigenen Luftverbrauch und die dadurch möglicherweise verlängerte Dekozeit beachten!

- Mögliche Vereisung des Atemreglers bei Wassertemperaturen unter 10°C, da Atmung und Tarierung parallel eine zusätzliche Abkühlung hervorrufen.

- Striktes Einhalten der Aufstiegsgeschwindigkeit von 10m/min und der gegebenenfalls nötigen Dekoaufenthalte.

- Geschlossene und teilweise gasgefüllte Körper, z.B. Flaschen, können beim Bergen durch den nachlassenden Umgebungsdruck bersten.
  Außer der Splitterwirkung stört auch noch der abscheuliche Gestank des ehemals guten Inhalts (z.B. Champagner).

- Wohin mit dem Fund an der Oberfläche ? Das Schwimmen kann dann sehr anstrengend sein, wenn das Fundstück etwas sperrig und schwer ist.

5.2   Bergen mittels Auftriebskörper

Größere Fundgegenstände können direkt vom Boot aus geborgen werden oder es müssen Auftriebshilfen eingesetzt werden. Dabei ist darauf zu achten, daß diese stabil genug sind. Als Denkhilfe: Der Auftriebskörper muß so stabil sein, daß er über Wasser das maximal von ihm verdrängte Wasser auch tragen kann.

Beispiel: Ein Luftballon hat einen Inhalt von z.B. 10 l. Man könnte jetzt auf die Idee kommen, ihn als Auftriebshilfe für 10 kg einzusetzen. Würde man ihn an Land mit 10 l Wasser füllen (so viel wie er unter Wasser im aufgeblasenen Zustand verdrängt), würde er sofort platzen. Er ist also nicht geeignet.

Ähnliche Überlegungen sind wichtig, wenn es sich um Auftriebskörper oder Hilfsmittel handelt, die bereits angerostet (Metallkanister, Befestigungsringe, etc.) oder teilweise verrottet (Säcke, Befestigungsseile, etc.) sind.

Als Auftriebskörper kommen Fässer, Kunststoffkanister oder Hebesäcke in Frage. Es ist wohl selbstverständlich, daß hier nur saubere Auftriebskörper verwendet werden. Alte Ölfässer mit Ölresten würden sehr schnell das Wasser verunreinigen (Abb. 16).

Die Größe der Auftriebskörper muß an das zu bergende Objekt angepaßt sein. Grund dafür ist die starke Ausdehnung der Auftriebsluft beim Aufstieg. Wird z.B. ein Hebesack mit einem Auftrieb von 500 kg für die Bergung eines 100 kg -Gegenstandes aus 30 m Tiefe verwendet, würde sich die Luft so ausdehnen, daß ohne Luftablaß ein Auftrieb von 400 kg nahe der Oberfläche die Auftriebsgeschwindigkeit rasant beschleunigt. Der Auftriebskörper würde weit aus dem Wasser springen und kann eventuell umschlagen, so daß die Luft entweicht und er zusammen mit dem Fundstück wieder versinkt.

Also lieber mehrere kleinere Auftriebskörper als einen großen verwenden.

Ein weiteres Problem sind die Saugkräfte, mit denen ein Gegenstand am Boden gehalten wird. Hierzu ein Beispiel (Abb. 17):

Um ein Wrack zu bergen wird ein bestimmter Auftrieb benötigt. Dieser berechnet sich nach dem Archimedischen Gesetz, wonach ein Körper im Wasser so viel an Gewicht verliert, wie das von ihm verdrängte Wasser wiegt. Ein 1000 kg-Eisenwrack (Dichte: 7,85 kg/dm³) hätte ein Volumen von 1000 / 7,85 = 127,4 dm³. Das Gewicht unter Wasser würde sich um diese 127,4 kg reduzieren, denn das ist gerade das Gewicht des von diesem Eisenwrack verdrängten Wassers (Luftgefüllte Hohlräume nicht berücksichtigt!). Der noch nötige Auftrieb beträgt also theoretisch 872,6 kg. Das gilt allerdings nur, wenn alle Druck-, Auf- und Abtriebskräfte allseitig auf das Wrack wirken können.

Liegt das Wrack fest auf oder gar etwas im Boden eingegraben, entfallen teilweise die nach oben gerichteten Druckkomponenten, das Wrack hat sich festgesaugt!

Vergleichbar ist das mit den Kräften, die 2 befeuchtete, waagerecht liegende Glasplatten aneinanderhält, wenn man die obere Platte abheben will.

An der Wasseroberfläche kann diese Saugkraft maximal 1 kg/cm² betragen und entsteht durch den Luftdruck. Unter Wasser nimmt sie entsprechend dem Umgebungsdruck um je 1 kg/cm² pro 10 m Tiefe zu. In 20 m Tiefe ist also im ungünstigsten Fall bereits mit 3 kg/cm² zu rechnen, die zusätzlich zu dem Unterwassergewicht des Wracks und des darin enthaltenen Schlamms bei der Auftriebsberechnung berücksichtigt werden müssen. Genau genommen ist es das Gewicht der Luft- und Wassersäule, die über dem eingegrabenen Teil des Wracks liegt Da dieser Teil der Kräfte beim Abheben des zu bergenden Objektes sofort entfällt, besteht die Gefahr des sofortigen zu schnellen Aufstiegs mit den schon beschriebenen Folgen. Aus diesem Grund sollte das zu bergende Objekt möglichst vorher allseitig freigelegt werden.

Fässer und Kanister sind feste Auftriebskörper, d.h. Auftriebsluft die einmal hineingeblasen wurde läßt sich nicht mehr ohne weiteres entfernen. Die sich beim Aufstieg ausdehnende Luft wirkt voll und verdrängt das restliche Wasser aus dem Faß oder Kanister. Eine Verzögerung erfolgt allenfalls dadurch, daß das verdrängte Wasser nicht schnell genug durch die Einfüllöffnung (Spundloch) entweichen kann. Kurzzeitig kann so in den Auftriebskörpern ein Überdruck entstehen.

Hebesäcke oder Hebeballone sind unten offene Auftriebsmittel, die in Abstufungen von z.B. 100 - 250 - 500 l Inhalt erhältlich sind. Sie haben zusätzlich noch an ihrer Oberseite ein manuell zu betätigendes Ablaßventil, mit dem die beim Aufstieg sich ausdehnende Tarierluft dosiert abgelassen werden kann. Hier sind die Probleme gleich wie bei der Tarierung des Tauchers mit Jacket oder Weste. Der kritische Bereich sind die letzten 10 m, in denen sich die Tarierluft auf das doppelte Volumen ausdehnt.

Sonderbauarten haben an ihrer Seite eine Reihe verschließbarer Löcher. Beim Aufblasen wird, wenn das Objekt zum Schweben kommt, das dem Wasserspiegel im Hebesack nächst liegende Loch geöffnet. Dehnt sich beim Aufstieg jetzt die Luft aus, kann sie durch das Loch entweichen und ein Durchschießen wird verhindert (Abb. 18)

Auch ein zu lange geöffnetes Ablaßventil hat die gleichen Folgen wie beim Taucher. Der Hebesack mit angehängter Last sinkt wieder mit zunehmender Geschwindigkeit ab.

Aus diesem Grund gilt als wichtigste Regel:

NIE UNTER SCHWEBENDEN LASTEN TAUCHEN !!!

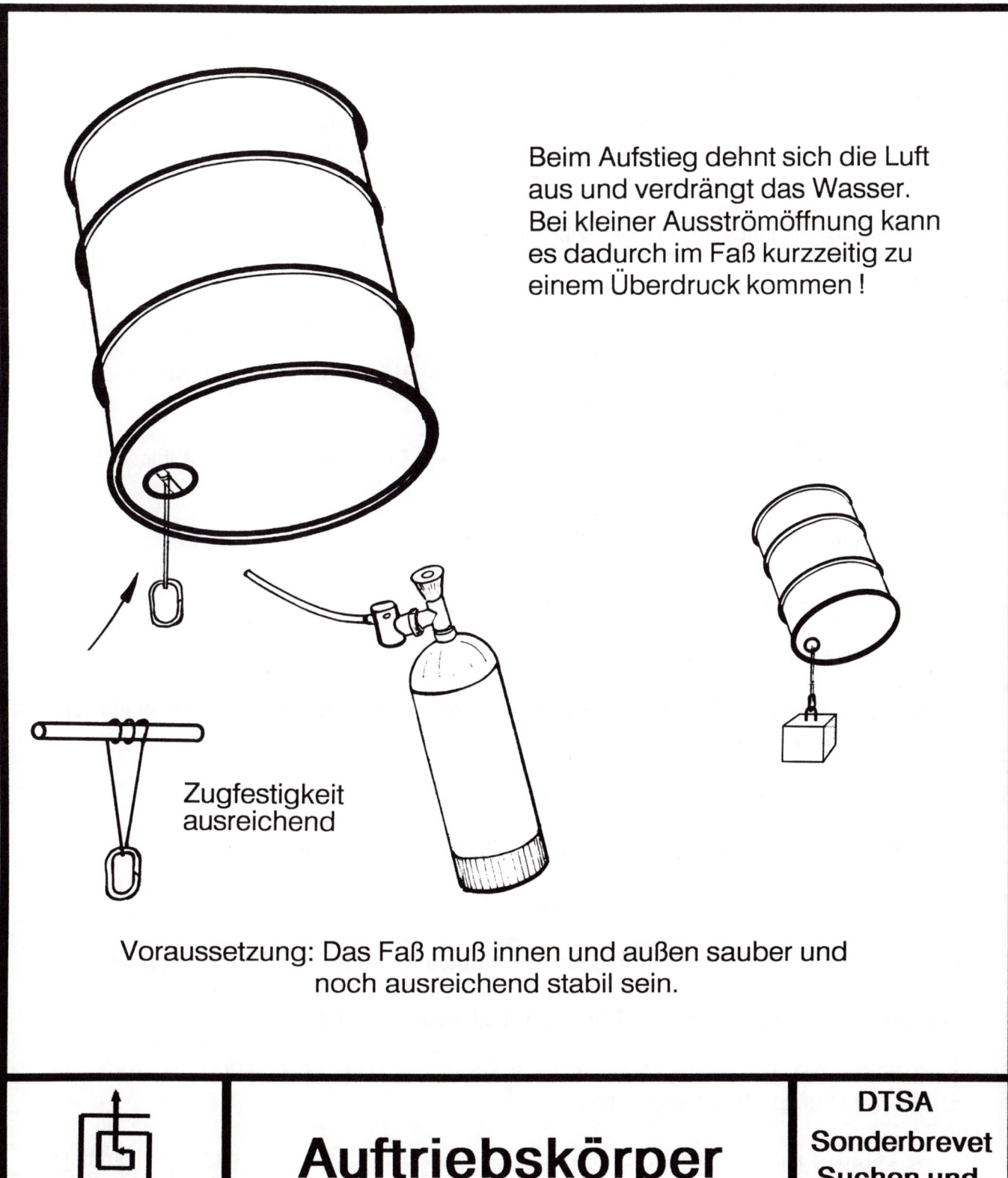

Beim Aufstieg dehnt sich die Luft
aus und verdrängt das Wasser.
Bei kleiner Ausströmöffnung kann
es dadurch im Faß kurzzeitig zu
einem Überdruck kommen !

Zugfestigkeit
ausreichend

Voraussetzung: Das Faß muß innen und außen sauber und
noch ausreichend stabil sein.

	Auftriebskörper	DTSA Sonderbrevet Suchen und Bergen
Abb. 16		

Allenfalls seitlich neben dem Hebesack bleiben, bei unkontrolliertem Verhalten sofort auf Abstand gehen. Auf eigene Aufstiegsgeschwindigkeit von max. 10 m/min achten.

5.2.1 Berechnen des Luftverbrauchs bei der Bergung mit Hebesack

Beispiel 1:

Versetzt werden soll ein in 10 m Tiefe liegender Ankerstein aus Beton mit den Abmessungen 50 * 50 * 50 cm, der teilweise eingesandet ist.

Gemäß Tabelle hat Beton etwa die Dichte von 2,1 bis 2,3 kg/dm³. Das Gewicht über Wasser wäre:

> Gewicht = Volumen x Dichte

> Volumen = B x H x T = 5 dm x 5 dm x 5 dm = 125 dm³

> Gewicht = 125 dm³ x 2,3 kg/dm³ = 287,5 kg

Im Wasser erfährt der Ankerstein einen Auftrieb entsprechend dem Gewicht des durch sein Volumen verdrängten Wassers:

> G_{Wasser} = 125 dm³ x 1 kg/dm³ = 125 kg

Der Abtrieb ergibt sich dann aus dem Gewicht über Wasser minus dem Auftrieb:

> Abtrieb = 287,5 kg - 125 kg = 162,5 kg

Dieser Abtrieb muß nun durch entsprechenden Auftrieb des Hebesackes kompensiert werden.

Das erfordert 162,5 l Luft, in 10m Tiefe (Druck 2 bar) also 325,0 l.

Berücksichtigt man noch das Gewicht des Schäkel, des Hebesackes und das Luftgewicht sollten 350 l Luft zur Verfügung stehen.

Diese Luft darf nicht aus der Druckluftflasche des Tauchers kommen, es muß eine getrennte Flasche mit eigenem Atemregler (evtl. nur 1.Stufe mit einem Mitteldruckschlauch) eingesetzt werden, da erhöhte Vereisungsgefahr und möglicherweise unterschätztem Luftbedarf. Diese Unterschätzung kann den *Saugkräften* entspringen, die in diesem Fall getrennt zu betrachten sind.

Die Saugkräfte betragen

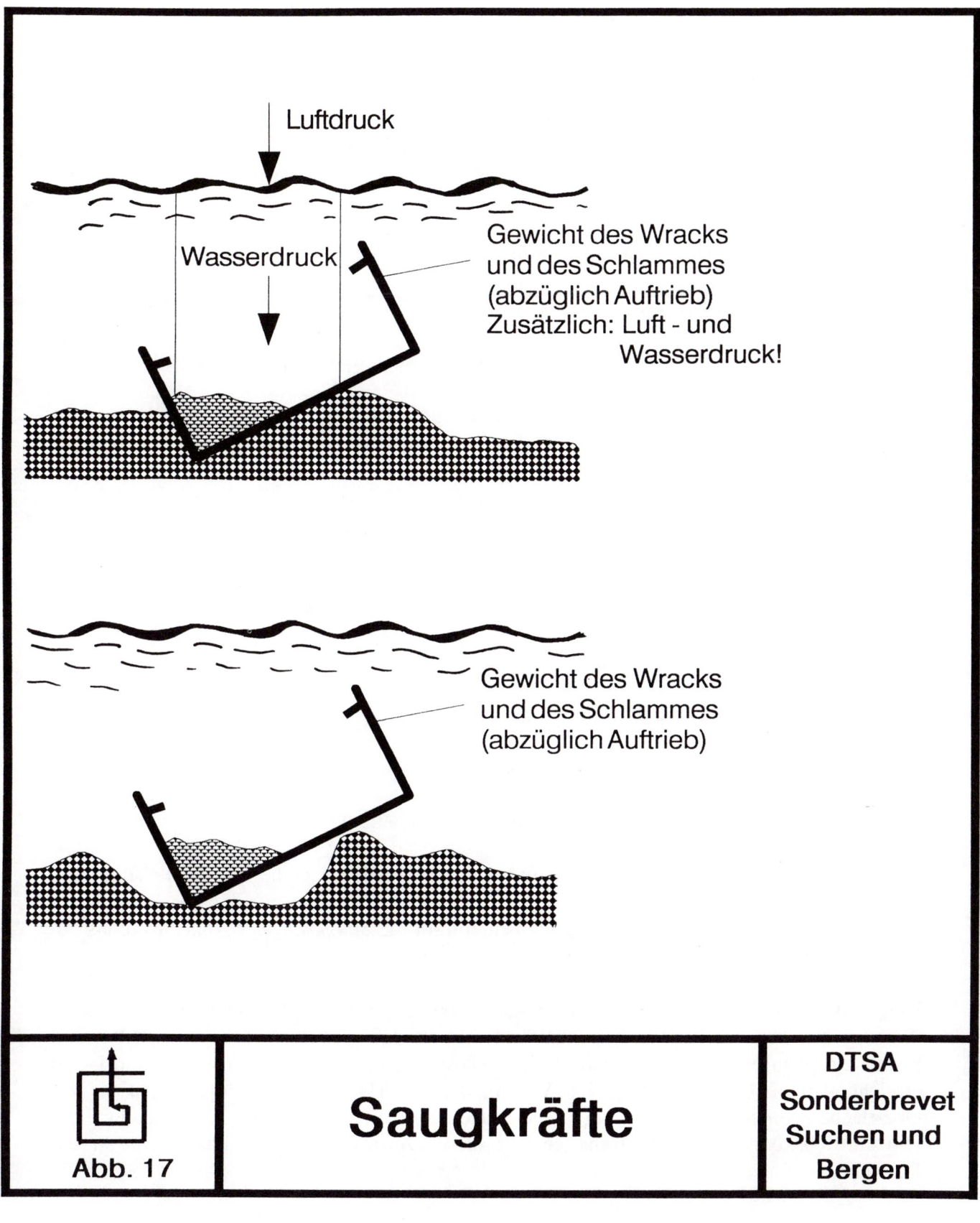

Luftdruck

Wasserdruck

Gewicht des Wracks
und des Schlammes
(abzüglich Auftrieb)
Zusätzlich: Luft - und
Wasserdruck!

Gewicht des Wracks
und des Schlammes
(abzüglich Auftrieb)

| | **Saugkräfte** | DTSA
Sonderbrevet
Suchen und
Bergen |
|---|---|---|
| Abb. 17 | | |

Kraft = Druck x Fläche

Der Druck ist hier der Druck der 10m hohen Wassersäule und der Druck der Luftsäule. Die Fläche ist die waagerechte Komponente:

Fläche = 5 dm x 5 dm = 25 dm² = 2500 cm²

Kraft = 2 bar x 2500 cm² = 5000 kg

Die Saugkraft beträgt in diesem Fall das Vielfache des eigentlichen Steingewichts.

Die Gefahr ist hierbei, daß die Saugkraft sofort entfällt, wenn sich der Stein vom Boden löst. Er würde in diesem Fall sofort zur Oberfläche schießen. Um das zu verhindern, muß hier der Stein zuerst freigelegt werden. teilweise genügt auch schon das Ankanten.

Beispiel 2:

Gehoben werden soll ein 400 kg schwerer Anker. Es steht ein 350 kg-Hebesack zur Verfügung. Welche zusätzliche Auftriebskraft muß aufgebracht werden ?

Die Dichte des Eisens ist 7,85 kg/dm³.

Das Volumen des Ankers beträgt somit:

V = Gewicht / Dichte = 400 kg / 7,85 kg/dm³ = 51 kg.

Der Auftrieb (hier: Gewichtsreduzierung unter Wasser) beträgt also 51 kg.

Der Ankerauftrieb zusammen mit dem Auftrieb durch den Hebesack beträgt dann 401 kg.

Wird der Anker vor der Bergung freigegraben entfällt die *Saugkraft*, der Anker wäre also in der Schwebe (im hydrostatischen Gleichgewicht).

Diese Anordnung wäre ideal, da der Hebesack maximal gefüllt ist. Die sich beim langsamen Aufstieg ausdehnende Luft würde abströmen, ohne daß tariert werden muß. Hilfsweise könnte ein geringer Zusatzauftrieb über dem Hebesack, z.B. durch eine Weste oder ein Jacket erreicht werden. Das hätte auch den Vorteil, daß der Hauptauftriebskörper nicht bis zur Oberfläche durchschießen kann und dadurch nicht umschlägt. Erreicht der Hilfsauftriebskörper die Oberfläche entfällt dieser Auftrieb und die Last bleibt in der Schwebe.

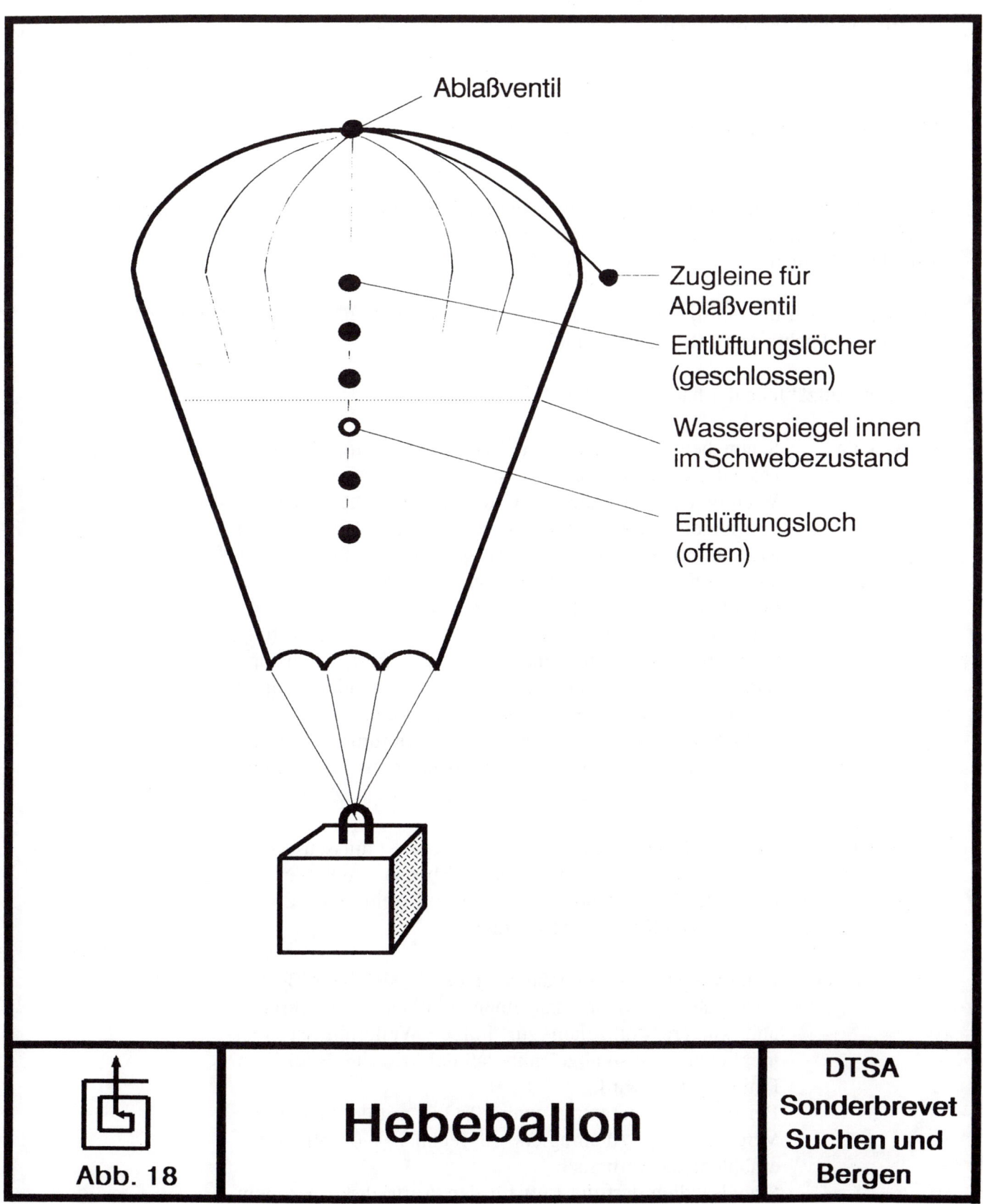

Ablaßventil

Zugleine für
Ablaßventil

Entlüftungslöcher
(geschlossen)

Wasserspiegel innen
im Schwebezustand

Entlüftungsloch
(offen)

Hebeballon

Abb. 18

DTSA
Sonderbrevet
Suchen und
Bergen

5.2.2 Gefahren beim Bergen mittels Auftriebskörper

Bergungen mit Zusatzauftriebskörper sind risikoreich. Grundsätzlich müssen alle Teilnehmer Erfahrung, Sicherheit und die nötige Ruhe haben, um bei Zwischenfällen überlegt und richtig handeln zu können.

Wichtig ist auch die richtige, komplette, bekannte und funktionsfähige Ausrüstung und eine bis ins Detail gehende Tauchgangsabsprache.

Hier eine Aufzählung der hauptsächlichen Gefahren:

Verwickeln	Schon beim Abtauchen mit Leinen und Auftriebskörper besteht die Gefahr, daß man sich in der Leine verwickelt. Wichtig auch aus diesem Grund ist, daß keine Drähte verwendet werden, und daß jeder Taucher mit einem Messer mit Sägezahnschliff ausgerüstet ist. Das Messer soll ein einer jederzeit leicht zugänglichen Stelle, z.B. am Gürtel oder innen am Fuß, getragen werden. Auf keinen Fall dürfen Teile der Ausrüstung (einschließlich Signalleine) mit der Bergeausrüstung (Hebesack, etc.) oder mit dem zu bergenden Objekt verbunden werden. Karabinerhaken sollten nur in der verklinkten oder verschraubten Ausführung eingesetzt werden. Bei offenen Karabinerhaken muß die Öffnung nach innen, zum Körper hin, getragen werden (Abb. 7).
Festigkeit	Seile, Haken und Auftriebskörper müssen eine ausreichende Festigkeit haben. Ebenso muß der zu bergende Gegenstand noch so stabil sein, daß er die auftretenden Kräfte auch verträgt.
Luftverbrauch	Unterwasserarbeit - und dabei handelt es sich beim Bergen - ist anstrengend und hat einen erhöhten Luftverbrauch und kürzere Nullzeiten zur Folge. Weiterhin ist man möglicherweise so abgelenkt, daß der kritische Blick zum Fini vergessen wird. Bei Wassertemperaturen unter 10°C ist mit der Gefahr der Vereisung des Atemreglers zu rechnen, vor allem bei erhöhtem Luftverbrauch. Grundsätzlich darf die Luft für den Auftriebskörper nicht der eigenen Druckluftflasche entnommen werden!
Befestigung	Der zu bergende Gegenstand muß mit dem Auftriebskörper sicher verbunden werden. Wichtig ist dabei, daß er nach dem Abheben vom Boden eine stabile

Lage einnimmt und nicht umschlägt. Es sollten daher möglichst zwei oder drei Befestigungspunkte gewählt werden, die um den Schwerpunkt des Gegenstandes liegen müssen.

Mehrfache Befestigungen sind auch dann wichtig, wenn der zu bergende Gegenstand schon etwas brüchig ist.

Aufstieg

Bei der Aufstiegsgeschwindigkeit dürfen die üblichen 10 m/min nicht überschritten werden. Auch eventuell durch die erhöhte Anstrengung verlängerte Dekostopps müssen natürlich eingehalten werden.

Taucher und Last müssen daher exakt tariert sein, um ein Durchschießen zu verhindern. Da trotzdem immer die Gefahr des erneuten Absinkens besteht darf niemals unter der Last oder den Auftriebskörpern getaucht werden.

Oberfläche

Schon bei der Vorplanung ist das richtige Vorgehen nach dem Auftauchen des Auftriebskörpers zu berücksichtigen. Unbedingt zu vermeiden ist eine feste Verbindung zwischen einem schweren Bergeobjekt und einem leichten Boot. Bei plötzlichem Entweichen der Luft aus dem Auftriebskörper kann das Boot zum Kentern gebracht oder unter Wasser gezogen werden. Ebenso kann natürlich ein Schwimmer durch das noch an der Oberfläche treibende Gespann beim plötzlichen Absinken mit in die Tiefe gerissen werden.

Da bei diesem Sonderbrevet auf keinen Fall eine kommerzielle Bergung geübt werden darf, sollten sich die zu bergenden Übungsobjekte in der Größe von 10 - 20 kg bewegen.

Günstig ist dafür ein mit Beton ausgegossener 10 l-Eimer, in den bereits ein abgebogenes Eisen als Einhängöse mit eingegossen wird.

6   Konservieren, Nachbehandeln

Wenn schon Souvenirs aus dem Wasser geholt werden, dann müssen sie aber auch erhalten werden (siehe hierzu auch die Anmerkungen unter Punkt 5!).

Je nach Material, Dauer des Aufenthaltes unter Wasser, Tiefe, Salzgehalt, Lichteinfall, Temperatur, Strömung und Überdeckung kann eine Konservierung sehr aufwendig werden. Darüber sollte man sich schon vorher im klaren sein. In kritischen Fällen sollte es einem Fachmann überlassen werden, da sonst das geborgene Teil schnell zerfällt und verloren ist.

Die hier aufgeführten Beispiele sind nur ein grober Hinweis. Genauere Angaben sind der einschlägigen Literatur zu entnehmen.

Große Erfahrungen dieser Art wurden bei der Hebung und Konservierung der "WASA" gemacht, einem Kriegsschiff, das kurz nach seiner Fertigstellung 1628 bei Stockholm sank und 1961 gehoben und konserviert wurde.

Allgemein gilt: Alle aus dem Wasser geborgenen Gegenstände müssen feucht gehalten werden, bis die eigentliche Konservierung beginnt.

Dazu werden die Gegenstände in feuchte Tücher gehüllt und in Folie verpackt. Kleinere, zerbrechliche Gegenstände verpackt man besser in feuchtem Sand, Schlamm oder Sägemehl.

6.1   Konservieren von Glas, Keramik und Stein

Bei Glas ist kein großer Aufwand nötig, da es sich um ein dichtes Material handelt, in dessen Gefüge keine Salzkristalle eingedrungen sind. Unter klarem Wasser abwaschen und bei Bedarf vorhandene Verkrustungen in verdünntem Essig auflösen.

Keramik ohne bzw. mit unvollständiger Glasur in Süßwasser legen und anschließend mit verdünntem Alkohol waschen. Sehr langsam trocknen (also nicht im Backofen!).

Stein wird über längere Zeit in destilliertes Wasser gelegt um die löslichen Salze aus dem Stein zu entfernen. Danach langsam gründlich trocknen.

6.2   Konservieren von Holz, Knochen, Leder

Diese organischen Materialien werden mit einer weichen Bürste unter fließendem, warmen Wasser gründlich gereinigt und anschließend mit Polyethylenglykol getränkt. Dazu werden

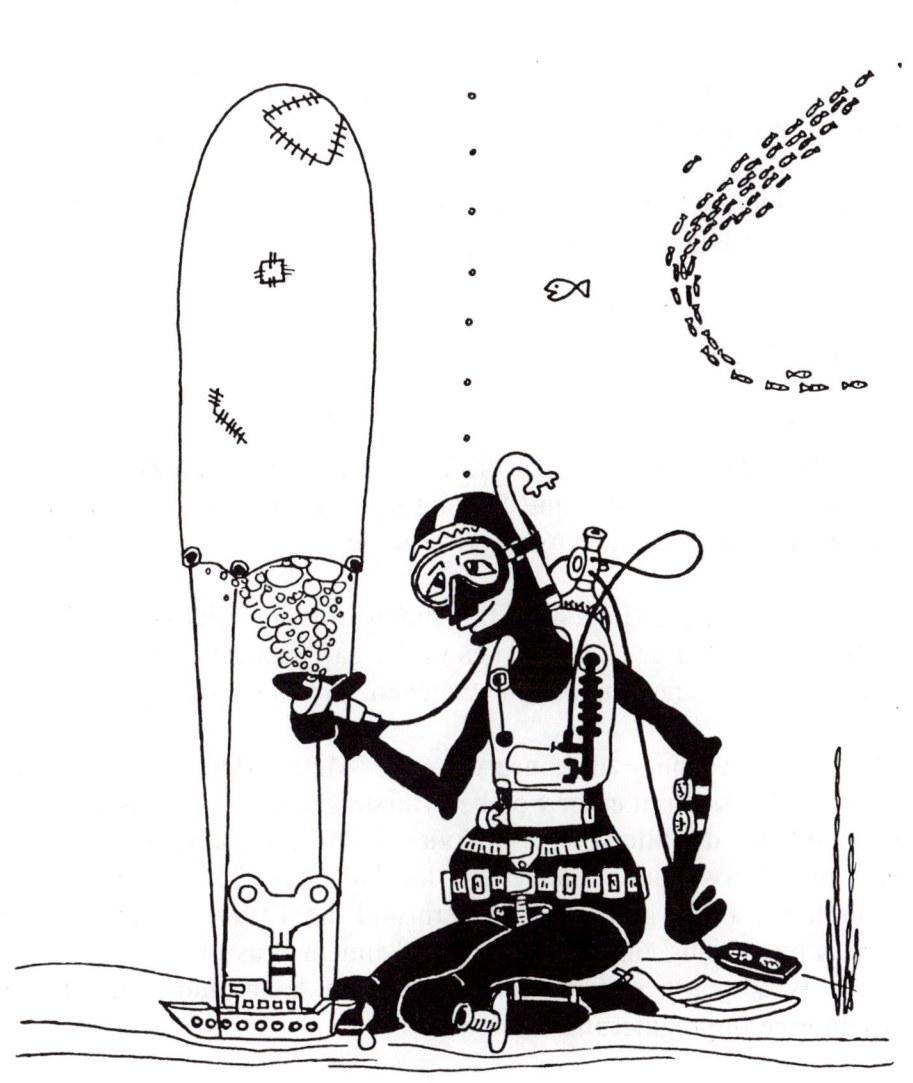

Heinz Helmken

Es ist einfach berauschend, versunkene Ozeanriesen zum Auftauchen zu bringen!

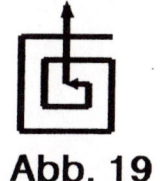

Abb. 19

Bergen

DTSA Sonderbrevet Suchen und Bergen

(Aus "Chaotis Blubb meint...Erfahrungen und Wissenswertes von einem 'Taucher' ". Cartoons von Heinz Helmken. Stuttgart 1993, Verlag Stephanie Naglschmid, ISBN 3-927913-53-7)

die Teile 2 bis 3 Wochen in einer ca. 25-prozentigen wässerigen Lösung gelagert, anschließend ca. 4 Wochen lang langsam getrocknet und abschließend lackiert.

Bei Holz bringt auch eine mehrwöchige Lagerung der Stücke in mit Terpentinersatz verdünntem Leinöl und anschließende Trocknung gute Ergebnisse.

6.3   Konservieren von Metall

Bei den verschiedenen Metallen ist es sehr schwer, Vorhersagen über den Zustand zu machen. Er ist abhängig vom Material, vom Salz- und Sauerstoffgehalt des Wassers und der Art der Überdeckung sowie der Kombination verschiedener Metalle.

So wird z.B. Eisen offen und alleine liegend sehr schnell in Eisenoxid (Rost) umgewandelt. In Verbindung mit Zink ist es aber geschützt, da es in der galvanischen Spannungsreihe edler als Zink ist. Lediglich bei Gold kann man davon ausgehen, daß es kaum angegriffen wird.

Eisen ist das wohl am schwersten zu konservierende Metall. Die Gegenstände sollten zunächst unter fließendem Wasser mit einer weichen Bürste gereinigt werden. Die Entfernung von Kalk kann durch Einlegen der Stücke in Essig oder in Phosphorsäure erfolgen (unbedingt verdünnen!). Auch die Verwendung der im Haushalt als "Entkalker" eingesetzten Zitronensäure ist möglich. Danach gründlich wässern und die Teile in einer 50-prozentigen Manganphosphat-Rostschutzlösung einlegen. Unter fließendem Wasser bürsten, trocknen und lackieren. Bei schon etwas porös gewordenen Eisenteilen kann durch ein Tauchbad in geschmolzenem Wachs eine Imprägnierung erfolgen.

Messing, Kupfer, Bronze und Blei gründlich waschen, eventuell Verkrustungen mit Essig oder verdünnter Säure ablösen und anschließend die Teile gut wässern, trocknen und lackieren.

7   Fragen / Übungsaufgaben

Bitte die Antworten bzw. Lösungen jeweils mit dem Partner zusammen erarbeiten!

1.   Erkläre folgende Begriffe aus der Seekarte:

        Breite:

        Länge:

        Meridian:

2.   Welche Leinensignale gelten für

        Gefahr:

        links:

        rechts:

3.   Welche Sonderausrüstung sollte ein Taucher mit sich führen, wenn die Gefahr von Strömungen besteht?

4.   Wie sollte sich eine von der Strömung abgetriebene Tauchergruppe verhalten ?

Bei einem Tauchgang wurde ein Wrack gefunden.

Nach dem Auftauchen wurde

Objekt A mit   0 Grad

Objekt B mit 90 Grad gepeilt.

Zeichne die Peilwinkel und den gesuchten Auftauchpunkt ein.

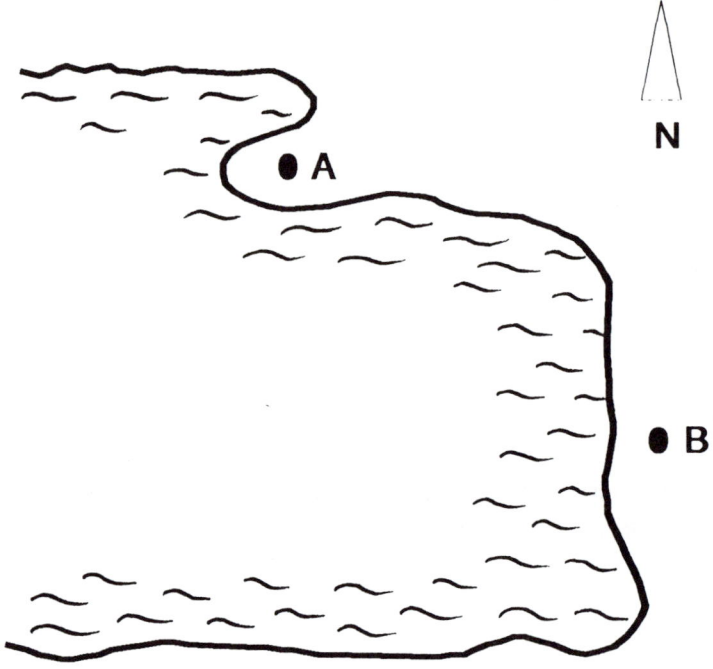

Abb. 20

Übungsaufgabe

DTSA
Sonderbrevet
Suchen und
Bergen

Ein Wrack soll nach der Methode der größer werdenden Quadrate (Abb. 2) gesucht werden.

Erste Suchrichtung Norden.

Welche Strecke ist bei einer Sichtweite von 5 Meter zurückzulegen, wenn man

A)   20 Meter

B)   40 Meter südlich des gesuchten Wracks mit
        mit der Suche beginnt

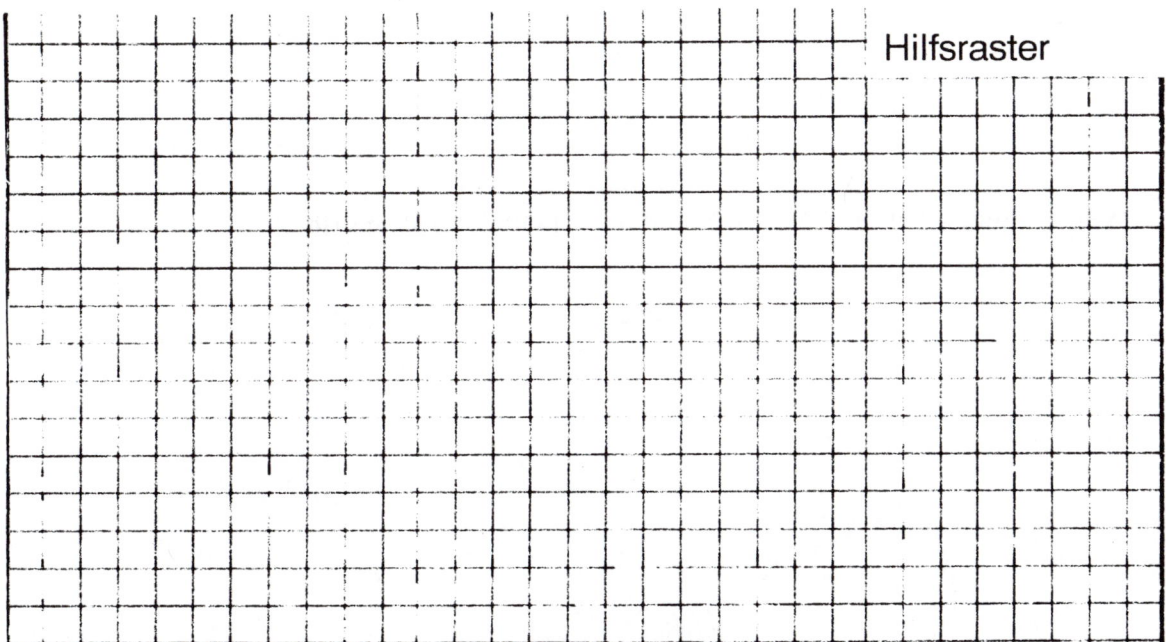

Hilfsraster

Abb. 21

Übungsaufgabe

DTSA
Sonderbrevet
Suchen und
Bergen

5. Welches ist das wichtigste Ausrüstungsteil beim Arbeiten mit Seilen und welche Anforderung ist daran zu stellen?

6. Warum dürfen keine Stahlseile oder Drähte verwendet werden?

7. Welche Gefahr besteht beim Arbeiten mit einem Auftriebskörper?

8. Berechne den Luftbedarf zum Heben eines mit Beton ausgegossenen 10l-Eimers aus 10m Tiefe.

ZERTIFIKAT

Herr/Frau

....

hat an einem Seminar zur
Erlangung des Sonderbrevets

Suchen und Bergen

mit Erfolg teilgenommen.

....
(Tauchlehrer)

....
(Ort, Datum)

....
(Tauchschule)

Sonderbrevets

Entsprechend der Zielsetzung, daß ein *besser ausgebildeter Taucher* sich mehr durch breites Wissen und Können auszeichnet als durch *Tiefenfestigkeit*, hat der VDST bei den Voraussetzungen zu den einzelnen DTSA-Stufen Sonderbrevets aufgenommen. Hier gibt es Pflichtbrevets und Wahlbrevets. Allgemein kann man die Sonderbrevets folgendermaßen einteilen:

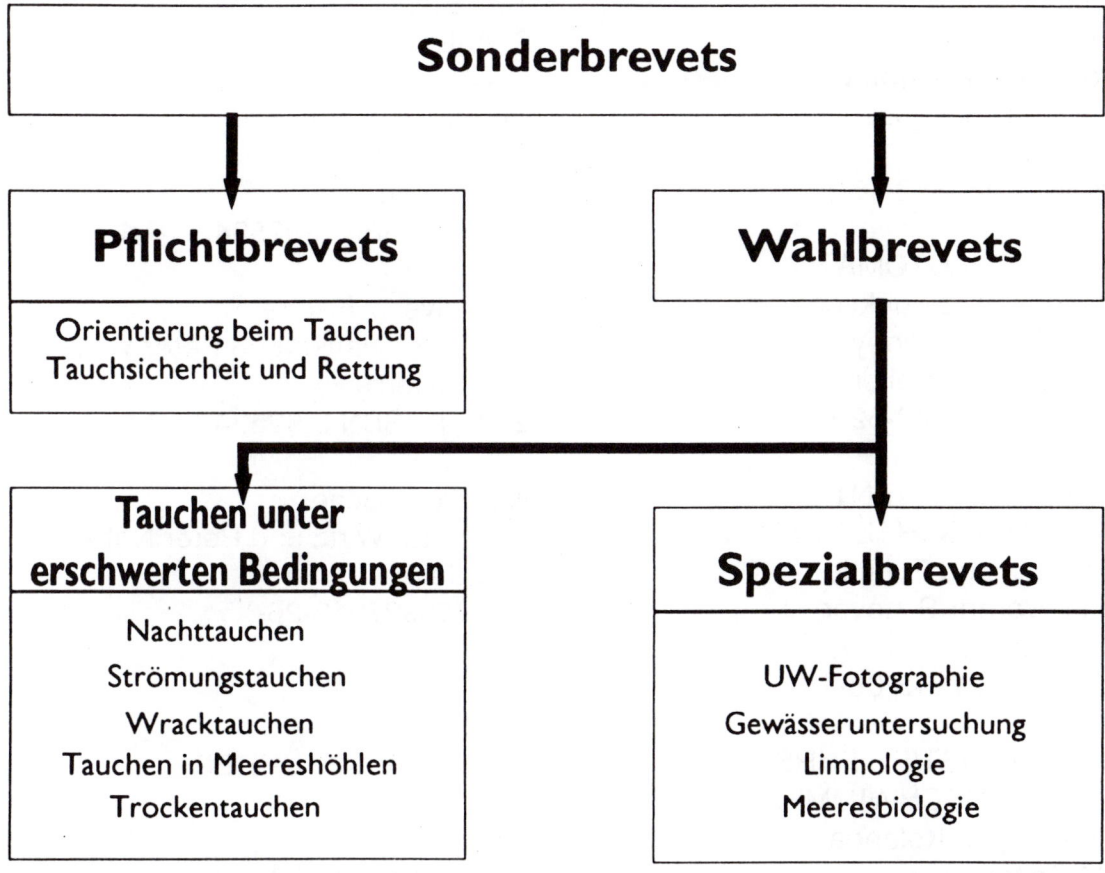

Umgekehrt ist aber auch, um an einem solchen Sonderbrevet teilnehmen zu können, eine gewisse, wenn auch unterschiedliche Taucherfahrung nötig. Es ist zum Beispiel nicht sinnvoll, einen Tauchanfänger zu einem Sonderbrevet *Wracktauchen* zuzulassen. Für das Brevet *Wracktauchen* hat der VDST darum als Mindesterfahrung das DTSA-Silber vorausgesetzt.
Die Praxis hat gezeigt, daß diese Voraussetzungsregelung für alle Sonderbrevets zu einseitig definiert sind; sie müssen deshalb ergänzt werden:
Wer an einem Sonderbrevet teilnehmen möchte, muß eine Mindesterfahrung nachweisen - entweder durch das dort verlangte Brevet oder auf beliebige andere Art und Weise, zum Beispiel durch eine ausreichende Anzahl von **zusätzlichen** Tauchgängen (über die sowieso geforderten hinaus). Der Kursleiter entscheidet danach über eine Teilnahme.

Wolfgang Manz
Sachabteilungsleiter Ausbildung im VDST
Mai 1992

LITERATUR ZUM THEMA TAUCHEN

SPORTTAUCHEN
von Axel Stibbe
288 Seiten
7. Aufl., ISBN 3-927913-67-7

TAUCHEN
Theorie - Praxis - Technik
von Thomas Kromp
und Walter Keusen
224 Seiten
ISBN 3-925342-46-X

"LUNGENAUTOMAT"
Technik und Funktion der Atemregler
von Werner Scheyer
2. Aufl., 144 Seiten
ISBN 3-925342-52-9

FLASCHEN - VENTILE -
RESERVESCHALTUNGEN
Technik und Funktion
von Werner Scheyer
132 Seiten
ISBN 3-927913-08-1

TRAININGSTIPS FÜRS
FLOSSENSCHWIMMEN
von Jürgen Kolenda
64 Seiten
ISBN 3-925342-45-1

TAUCHMEDIZINISCHE
FORTBILDUNG Band 2
hrsg. von H.J.Roggenbach
232 Seiten
ISBN 3-927913-70-7

DEUTSCHES TAUCHSPORT-
ABZEICHEN DTSA-Bronze
von Gerd Högel
80 Seiten
2. Aufl., ISBN 3-927913-55-3

UNTERWASSERFÜHRER

Rotes Meer - Niedere Tiere
von Peter Schmid
und Dietmar Paschke
168 Seiten
2. Aufl., ISBN 3-925342-10-9

Rotes Meer - Fische
von Helmut Debelius
168 Seiten
2. Aufl., ISBN 3-925342-18-4

Malediven - Fische
von Peter Nahke und Peter Wirtz
168 Seiten
2. Aufl., ISBN 3-925342-59-1

Karibik - Fische
von Peter Wirtz und Peter Nahke
176 Seiten
ISBN 3-927913-26-X

TAUCHREISEFÜHRER

Bonaire
von Michael Jung
152 Seiten
ISBN 3-927913-12-X

Sinai
von Peter Schmid und
Claudia Kreutzer-Schmid
128 Seiten
ISBN 3-925913-99-0

Malta
von Arnd Rödiger
80 Seiten
3. Aufl., ISBN 3-927913-75-8

VERLAG STEPHANIE NAGLSCHMID STUTTGART

Rotebühlstr. 87A - 70178 Stuttgart - Tel. 0711/626878 - Fax 616363

TAUCHSPORT-SONDERBREVETS

Die kursbegleitende Heftreihe aus dem
VERLAG STEPHANIE NAGLSCHMID STUTTGART

ORIENTIERUNG
von Werner Scheyer und Gabi Tode
64 Seiten
2. überarbeitete Auflage
ISBN 3-927913-33-2

NACHTTAUCHEN
von M. Waldhauser und W. Scheyer
64 Seiten
2. überarbeitete Auflage
ISBN 3-927913-60-X

TAUCHSICHERHEIT - TAUCHRETTUNG
von Norbert Zanker und Willi Welslau
88 Seiten
2. überarbeitete Auflage
ISBN 3-927913-71-5

HÖHLENTAUCHEN
Tauchen in Meereshöhlen
von Matthias Bergbauer und
Manuela Kirschner
64 Seiten
ISBN 3-927913-20-0

WRACKTAUCHEN
von Werner Scheyer und
Markus Wedegärtner
64 Seiten
ISBN 3-927913-39-1

STRÖMUNGSTAUCHEN
von Werner Scheyer und Hans Hein
64 Seiten
ISBN 3-927913-17-0

TROCKENTAUCHEN
von T. Kromp und W. Scheyer
64 Seiten
ISBN 3-927913-22-7

SUCHEN UND BERGEN
von W. Scheyer und J. Gorny
64 Seiten
ISBN 3-927913-38-3

GEWÄSSERUNTERSUCHUNGEN
von Wolfgang Arbogast u.a.
64 Seiten
ISBN 3-927913-35-9

UNTERWASSERFOTOGRAFIE
Unterwasserfotografie für Einsteiger
von Manfred Scheffel
80 Seiten
ISBN 3-927913-40-5

SÜSSWASSERBIOLOGIE
ISBN 3-927913-36-7

MEERESBIOLOGIE
ISBN 3-927913-37-5

 VERLAG STEPHANIE NAGLSCHMID
Rotebühlstr. 87A, 70178 Stuttgart
Tel. 0711/626878, Fax 612323

Scheyer/Gorny
SUCHEN UND BERGEN

Empfohlen von

*In gleicher Ausstattung
wie die Sonderbrevets:*
TAUCHSPORT-SEMINARE

EISTAUCHEN
von Werner Scheyer und
Gabi Tode
64 Seiten
ISBN 3-927913-21-9

KOMPRESSOR
von Werner Scheyer
64 Seiten
ISBN 3-927913-56-1

SEEMANNSCHAFT
von W. Scheyer und M. Bergbauer
64 Seiten
ISBN 3-927913-74-X